职业教育·无人机系列教材

无人机测绘技术与应用

黄 杰 主 编

袁凤祥 宋 莉 瞿铭见 副主编

姚 远 主 审

人民交通出版社

北 京

内 容 提 要

本书为职业教育无人机测绘专业教材。全书共7个模块,包括无人机测绘基本知识、无人机飞行管理、无人机飞行原理与航空摄影系统、无人机航空摄影测量基础认知、航空摄影测量外业数据获取、航空摄影测量内业数据处理、机载激光雷达数据获取与内业处理等。

本书可作为高等职业院校无人机测绘技术及相关专业教材,也可供工程技术人员和无人机测绘爱好者学习参考。

图书在版编目(CIP)数据

无人机测绘技术与应用 / 黄杰主编. — 北京 : 人民交通出版社股份有限公司, 2025. 9. — ISBN 978-7-114-20546-0

Ⅰ. U412.5

中国国家版本馆 CIP 数据核字第 2025XA3784 号

Wurenji Cehui Jishu yu Yingyong

书　　　名:	无人机测绘技术与应用
著 作 者:	黄　杰
责 任 编 辑:	李　瑞　杜希铭
责 任 校 对:	赵媛媛　武　琳
责 任 印 制:	张　凯
出 版 发 行:	人民交通出版社
地　　　址:	(100011)北京市朝阳区安定门外外馆斜街 3 号
网　　　址:	http://www.ccpcl.com.cn
销 售 电 话:	(010)85285911
总 经 销:	人民交通出版社发行部
经　　　销:	各地新华书店
印　　　刷:	北京中石油彩色印刷有限责任公司
开　　　本:	787×1092　1/16
印　　　张:	8.75
字　　　数:	208 千
版　　　次:	2025 年 9 月　第 1 版
印　　　次:	2025 年 9 月　第 1 次印刷
书　　　号:	ISBN 978-7-114-20546-0
定　　　价:	29.00 元

(有印刷、装订质量问题的图书,由本社负责调换)

前言

　　无人机测绘技术作为中国普通高等学校专科专业,被列入了《职业教育专业目录(2021 年)》。无人机作为新兴产物,起步虽晚,但发展迅猛。在无人机测绘领域,无人机机型及测绘软件众多,无人机与先进测绘设备的结合也正逐渐改变人们获取地理信息的方式:通过先进的无人机测绘优势,人们可以轻松实现大面积、高分辨率的数据采集与分析。这样的行业形势使得高职院校相关专业学生就业前景广阔,诸多高职院校也相继开设了无人机测绘的相关课程。

　　基于这一技术发展趋势,本书以交通行业无人机测绘技术应用为背景进行编写。在内容设计上,理论与实践相结合,循序渐进,在阐述理论知识的基础上,以几款基本测绘软件的操作及应用为例,重点介绍无人机测绘数据的获取与处理流程,以满足当前交通行业对无人机测绘的教学需求。

　　本书共有 7 个模块:模块一,无人机测绘基本知识;模块二,无人机飞行管理;模块三,无人机飞行原理与航空摄影系统;模块四,无人机航空摄影测量基础认知;模块五,航空摄影测量外业数据获取;模块六,航空摄影测量内业数据处理;模块七,机载激光雷达数据获取与内业处理。模块一至模块四聚焦无人机基础理论知识,模块五至模块七引入了实践环节,提升学生实践能力,帮助其掌握无人机测绘所需的基本技能,并将数据处理作为教学的重点。

　　本教材编写团队在此次编写过程中,着力打造以下特色。

　　1. 理实一体,强化职业能力

　　本书在内容设计上融合理论与实践,并紧密结合职业教育特点,确保理论知识浅显易懂,实践操作简单易行,内容设置符合职业院校学生的认知能力水平,着力适应创新人才培养模式和优化课程体系的需要,突出培养职业学校学生的生产实践能力,将工匠精神、职业素养、专业知识等融入教材当中,贯彻学以致用的思想,力求培养高素质技术技能人才。

　　2. 结合生产,贴近实际应用

　　本书围绕无人机航空摄影测绘和机载激光雷达测绘当今两种主要测绘技术,注重突出其在我国当前的发展态势以及在世界的领先地位与最新发展趋势。

此外,在介绍无人机航测有关数据、技术平台时,本书也重点介绍了我国国内企业最新的研发、应用成果,将民族自豪感的培养无声融入在教学内容当中,深刻落实课程思政要求。

3. 校企合作,产教深入融合

本书编写团队教师均长年从事测绘工程相关课程教学,参与测绘项目实际生产,具有较丰富的教学和实践经验;广州南方测绘科技股份有限公司瞿铭见工程师也参与了编写工作,将前沿行业动态同本书教学内容深度融合。在编写过程中,校企双方通力协作,引入最新软件与标准,精心谋划教学案例,并以案例为引导,基于案例开展教学,使教材内容图文并茂。此外,安排学生通过软件进行模拟练习,提高学生对生产实践的适应能力,力求使学生快速掌握数据获取与处理的基本要领,为今后从事无人机测绘相关工作奠定良好的基础。

本书模块一由四川交通职业技术学院黄杰编写,模块二、模块四由四川交通职业技术学院袁凤祥编写,模块三由四川交通职业技术学院宋莉编写,模块五由黄杰、宋莉共同编写,模块六由黄杰、宋莉和广州南方测绘科技股份有限公司瞿铭见共同编写,模块七由瞿铭见编写。全书由黄杰负责统稿并担任主编,成都大学姚远主审。

本书在编写过程中,还参考了大量相关规范、书籍和各种资料,在此对相关作者表示衷心的感谢!

由于编者水平有限,且无人机测绘技术发展迅速,书中难免存在不足之处,诚挚希望广大读者在使用过程中给予批评指正,以便进一步补充完善。

编　者

2025 年 4 月

目录

模块一　无人机测绘基本知识

📖 学习情境描述

随着无人机技术迅猛发展,测绘技术与无人机结合越来越紧密,测绘技术也因此迎来了全新的发展与变革。本模块主要介绍无人机的定义与分类,以及无人机测绘的基本概念与应用。期望通过该模块的引入,能够为无人机测绘更深层次知识的学习打好基础。

✏️ 学习目标

1. 能够陈述无人机的定义与分类原则。
2. 能够完整叙述无人机测绘的基本概念及主要应用场景。

单元 1　无人机的定义

无人机的历史可以追溯到 20 世纪初,最初的无人机是设计用于执行一些对人类来说过于危险或枯燥的任务。国内无人机市场已发展了近 30 年,其应用场景从最初的军用领域逐渐扩展到国民经济各个领域。

无人机的全称为无人驾驶飞行器(Unmanned Aerial Vehicle,UAV),是利用无线电遥控设备和电子程序控制的不载人飞机,或者由机载计算机完全或间歇地操作,可自主飞行且可回收。

随着技术的进步,无人机的定义也在不断扩展。现代无人机已不仅仅包括无人机机身,还包含了地面控制设备、数据通信设备、维护设备、以及其他相关组件等,形成了一个完整复杂的无人机驾驶系统(图 1-1),英文全称为 Unmanned Aircraft System(UAS)。

单元 2　无人机分类

由于无人机的多样性,根据不同的标准有多种不同的分类方法。

1. 按用途分类

无人机按用途可分为军用无人机(图 1-2)和民用无人机(图 1-3)。军用无人机按使用性质可以分为信息无人机、攻击无人机、察打一体无人机、空战无人机和靶机等类别。

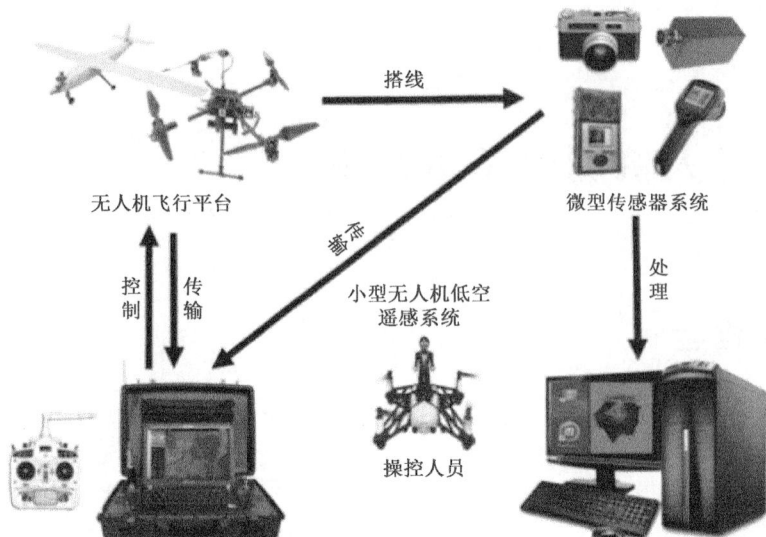

图 1-1 无人机驾驶系统

图 1-2 军用无人机

图 1-3 民用无人机

民用无人机可分为农业植保无人机(图 1-4)、应急救援无人机(图 1-5)、测绘无人机(图 1-6)、物流运输无人机、气象无人机、道路监视无人机、环境监测无人机和娱乐休闲无人机(图 1-7)等。

图 1-4 农业植保无人机

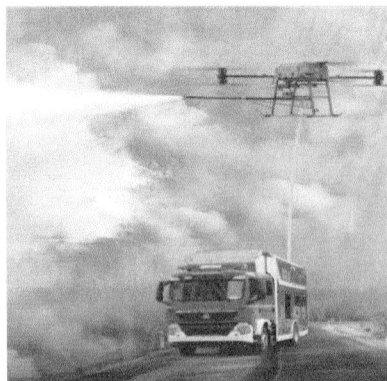

图 1-5 应急救援无人机

图 1-6 测绘无人机

图 1-7 娱乐休闲无人机

2. 按飞行平台类型分类

无人机按飞行平台分类可分为固定翼无人机、旋翼无人机、和其他类型(伞翼无人机、扑翼无人机、倾转旋翼无人机、混合构型无人机)等,其中固定翼无人机和旋翼无人机较为常见。

固定翼无人机:飞行原理类似传统飞机,通过在固定机翼上、下表面的压力差给飞机提供升力。通常,固定翼无人机飞行速度快,续航时间长,适合高空和长距离飞行任务。

旋翼无人机:一般为多旋翼结构,通过螺旋桨的旋转完成垂直起降,能在空中悬停,便于灵活执行各种任务,但飞行时间有限。

3. 按活动半径分类

根据飞行时的活动半径,可将无人机分为超近程无人机、近程无人机、短程无人机、中程无人机和远程无人机,见表 1-1。

按活动半径分类的无人机类型　　　　　　　　　　　　　　　　　　表 1-1

分类	活动半径(km)	分类	活动半径(km)
超近程无人机	活动半径≤15	中程无人机	200 < 活动半径≤800
近程无人机	15 < 活动半径≤50	远程无人机	活动半径 > 800
短程无人机	50 < 活动半径≤200		

4. 按最大设计使用高度分类

基于最大设计使用高度可进行分类,见表 1-2。

按最大设计使用高度分类的无人机　　　　　　　　　　　　　　　表 1-2

分类	最大设计使用高度 H(m)	分类	最大设计使用高度 H(m)
Ⅰ 类无人机	$H \leq 20$	Ⅳ 类无人机	$120 < H \leq 600$
Ⅱ 类无人机	$20 < H \leq 50$	Ⅴ 类无人机	$600 < H \leq 3000$
Ⅲ 类无人机	$50 < H \leq 120$	Ⅵ 类无人机	> 3000

5. 按空机重量和起飞重量分类

2023 年 5 月 31 日,国务院、中央军委公布了《无人驾驶航空器飞行管理暂行条例》。该条

例综合考虑无人机的空机重量、飞行高度和最大起飞重量,将无人机划分为五个等级:

微型无人驾驶航空器,是指空机重量小于 0.25kg,最大飞行真高不超过 50m,最大平飞速度不超过 40km/h,无线电发射设备符合微功率短距离技术要求,全程可以随时人工介入操控的无人驾驶航空器。

轻型无人驾驶航空器,是指空机重量不超过 4kg 且最大起飞重量不超过 7kg,最大平飞速度不超过 100km/h,具备符合空域管理要求的空域保持能力和可靠被监视能力,全程可以随时人工介入操控的无人驾驶航空器,但不包括微型无人驾驶航空器。

小型无人驾驶航空器,是指空机重量不超过 15kg 且最大起飞重量不超过 25kg,具备符合空域管理要求的空域保持能力和可靠被监视能力,全程可以随时人工介入操控的无人驾驶航空器,但不包括微型、轻型无人驾驶航空器。

中型无人驾驶航空器,是指最大起飞重量不超过 150kg 的无人驾驶航空器,但不包括微型、轻型、小型无人驾驶航空器。

大型无人驾驶航空器,是指最大起飞重量超过 150kg 的无人驾驶航空器。

单元 3　无人机航空测绘概述

在我国发展新质生产力的过程中,无人机技术实现了质的飞跃。测绘技术作为一门采用精密仪器设备获取各类地理信息数据并对数据进行处理和分析的学科,传统的数据采集方法已不能适应当前的发展需求。无人机与测绘技术的结合,极大地提高了数据采集效率,也开启了测绘技术发展的新纪元,使得无人机航测成为测绘技术发展的一个崭新方向。

1. 无人机航空测绘概念

无人机航空测绘技术是新型测绘技术与航空平台技术、信息技术的高度集成,是对传统卫星遥感测绘和有人机航空测绘的有效补充。无人机航测主要是利用无人机作为载体,搭载高分辨率相机或遥感技术设备,结合遥感传感器技术、遥测遥控技术、通信技术、卫星定姿定位技术,进行航飞拍摄或遥感扫描,采集目标区域的地物地貌等综合信息数据,灵活、快速地获取高分辨率、大比例尺和高可视性的遥感影像,然后在计算机上利用专业软件对采集的数据进行计算处理,从而提取相关有用信息的过程。

2. 无人机航空测绘的应用

无人机航空测绘在国民经济和社会发展中正起到越来越重要的作用,可广泛应用于国土资源测绘、路线选线设计、环境监测、农林水利建设、应急救灾救援、文物保护、交通事故救援等诸多方面,具有广阔的应用前景。

国土资源测绘:通过获取无人机航空测绘数据——如高分辨率的航空影像,能够对被测区域的国土资源详细情况进行准确分析,如土地特征信息分析、土地资源利用和覆盖图更新、国土资源动态监测与调查、土地资源利用变化动态监测等,为土地整治和权属证明提供科学依据。

路线选线设计:无人机航测可快速有效地采集大面积区域地形地貌资料,特别是在交通不便的地区,更能体现其优势。在不同工程的路线选线工作中,无人机航测能够根据项目需求,获取航空影像或三维数据资料,为选线提供较为准确的设计依据。

环境监测:通过无人机获取的高分辨率航空影像,能够及时准确地对环境污染情况进行有效监测。此外,借助遥感无人机拍摄的航空影像,可对海洋海况、河湖岸线、水质变化、湿地生态、固体污染物处理、植被生态破坏等方面进行动态监测。

农林水利建设:无人机航测采集的高分辨率航空影像,能够提供准确的土地纹理和作物分类信息,从而帮助农民对农田进行精准管理,指导作物种植养护;并且可以通过无人机搭载的传感设备收集土地的物理和化学相关数据,了解土壤肥沃状况,指导科学施肥;采集土壤湿度监测数据,能确保农作物得到合理灌溉。分析无人机航摄的图像,还能及时发现病虫害迹象,令无人机及时搭载喷洒设备进行精准喷洒,对病虫害进行处治,带来农作物增产增收。

应急救灾救援:地震、泥石流、滑坡等重大自然灾害的发生往往伴随着交通与通信的中断,无人机航测能及时获得灾区影像资料,实时传输图像和数据,为救灾部署快速提供准确信息,帮助救援队伍评估灾情,确定最佳救援方案并运送急需的救援物资,为抢救生命赢得黄金时间;灾区重建时根据无人机拍摄的灾区影像资料,可判别地质灾害风险,有助于救灾设备设施科学选址,预防次生灾害的再次发生。

3. 无人机航空测绘的优势

无人机航空测绘具有高精度、高效率、低成本、高安全性、高灵活性、数据内容丰富等优势。

高精度:无人机往往搭载高精度的影像采集、传感设备,并与全球导航卫星定位系统结合,能够对地理信息数据进行高精度的观测和记录,测图精度已能达到小区域控制测量的要求。

高效率:无人机航空测绘能够以自动化的方式迅速完成测量任务。无人机可以在短时间内覆盖大面积区域,快速获取目标区域大量信息,并在较短时间内进行数据分析处理,这是传统人力无法比拟的,能够为有关项目进展节约宝贵时间。

低成本:相对于传统人力测绘方式,无人机航空测绘具有更低的投入和更高收益,同传统测绘形成了强烈对比。传统测绘方式往往需要投入大量的人力、物力、时间成本,而无人机航空测绘自动化程度高,降低了对于人力资源的需求,大部分工作可以由少数掌握操作与处理技能的技术人员独立完成,为企业节约运营成本。

高安全性:无人机的使用有效降低了人员在复杂和危险环境下进行测量的风险,可以在人员无法到达的区域进行作业。在一些复杂的地域,人力进入十分困难,无人机则可以在这类环境中轻松完成测量任务,避免了人力进入危险区域带来的安全隐患。这种高安全性,使得无人机在地质灾害区域、高危区域、有毒有害等区域的测绘优势更加显著。

高灵活性:无人机可以针对目标区域,采取不同航速从不同高度、不同角度、不同时间段等,全方位、多维度地进行观测采集数据,还可以根据任务需求,进行定制化飞行,实现针对性测绘。

数据内容丰富:无人机航空测绘不仅能提供传统的二维平面图,更重要的是能提供丰富的三维地理信息,如数字高程模型、数字正射影像等,并构建出立体的三维地表模型,比传统的二维平面图更加直观,便于读者识别地理信息。

4. 无人机航空测绘的未来发展趋势

随着人工智能、传感技术、云计算技术等高新科技的不断发展,以及国内无人机测绘业务需求的不断增长,无人机测绘在未来仍将不断提升测绘精度和效率,满足更多客户的多元需求,其具体特征将体现在以下几个方面。

智能化:未来的无人机航空测绘将更加趋向智能化,配备更先进测绘设备,使无人机能自主规划并完成任务,实现更高效的自动测绘。无人机可实现全自动控制,提高空中安全性与稳定性,智能调整飞行高度和拍摄角度,以获取最佳数据,数据处理软件操作也将更加简便快捷。

多数据融合:未来的无人机航空测绘必将融合多源数据,将目前单一的影像或激光雷达数据进行融合;开发多元观测平台,集多种传感器于一体,同时收集光学影像和激光雷达数据,全方位提升测绘精度。

复 习 思 考

1. 无人机的定义是什么?
2. 无人机的分类方式有哪些?
3. 无人机航测的基本概念是什么?
4. 较传统测绘,无人机航测的优势有哪些?

拓 展 任 务

请自行查阅相关资料,了解无人机的发展进程。

模块二　无人机飞行管理

📖 学习情境描述

近年来,无人机或其他低空飞行器成为众多用户的新"玩具",但其中绝大多数飞行器的飞行活动都属于"黑飞",即飞行器没有民航管理部门的适航许可,操控员也没有相关部门颁发的驾驶执照。无人机航测首要遵循的原则为安全,在符合国家无人机空域管理、测绘成果保密等相关规定的前提下才能开展航测作业活动。本模块主要介绍无人机航测相关法律法规、空域管理相关规定和无人机飞行执照考取规定。

✏️ 学习目标

1. 能够了解并阐述无人机"黑飞"的概念。
2. 熟悉我国与无人机飞行活动密切相关的空域管理相关规定。
3. 掌握无人机操控员执照申请的有关规定。

单元 1　无人机航行相关法律法规

1. 中国民航法律法规体系

近年来,民用无人机的生产和应用在国内得到了蓬勃发展,其遥控驾驶人员的种类和数量也在快速增加。为规范民用无人机驾驶员的管理,促进民用无人机产业的健康发展,国家特出台相关法规以规范无人机市场。组织机构方面,中国民用航空局(简称中国民航局或民航局,CAAC)是中华人民共和国国务院主管民用航空事业的国家局,由交通运输部管理。

中国民用航空法律法规可分为国家法律、行政法规、民航规章和规范性文件四个层次。其中第四个层次规范性文件属于非法律范畴,而作为前三个层次的补充说明,包括管理程序、咨询通告、管理文件、工作手册和信息通告等。

第一层次:国家法律。中国民航法律法规的第一层次是国家法律《中华人民共和国民用航空法》,是制定民航行政法规、民航规章和规范性文件的依据。《中华人民共和国民用航空法》是为了维护国家的领空主权和民用航空权利,保障民用航空活动安全和有秩序地进行,保护民用航空活动当事人各方的合法权益,促进民用航空事业的发展而制定的法律。

第二层次:行政法规。中国民航行政法规主要有:《中华人民共和国民用航空器适航管理条例》《中华人民共和国民用航空器权利登记条例》《中华人民共和国民用航空器国籍登记条例》《中华人民共和国飞行基本规则》《通用航空飞行管制条例》等。

第三层次：民航规章。民航规章的全称为中国民用航空规章（China Civil Aviation Regulations，CCAR），故其部号编码以"CCAR"开头，具体形式为"CCAR-XXXX-RX"，其中，"CCAR"为中国民航规章的英文首字母缩写；"XXXX"代表规章部号编码；"RX"代表版本号。例如《民用航空标准化管理规定》（CCAR-375SE-R2）《民用航空安全信息管理规定》（CCAR-396-R2）《一般运行和飞行规则》（CCAR-91-R2）等。

第四层次：规范性文件。中国民用航空的法律法规文件，均可在中国民用航空局官网查询下载，但民航规范性文件不属于法律法规的范畴，不具备法律效力。规范性文件作为对民航法律法规前三个层次的补充说明，与民航国家法律、行政法规和民航规章的规定保持一致，且更加细化。规范性文件包括管理程序（AP）、咨询通告（AC）、管理文件（MD）和工作手册（WM）等。

2. 我国民用无人机有关法律法规

民用无人机属于民用航空器，因此民航法律法规均适用于民用无人机。目前专门针对无人机的行政法规只有一个文件：《无人驾驶航空器飞行管理暂行条例》，该暂行条例自2024年1月1日起施行，分为总则、民用无人驾驶航空器及操控员管理、空域和飞行活动管理、监督管理和应急处置、法律责任、附则六章，主要按照分类管理思路，加强对无人驾驶航空器的设计、生产、维修、组装等进行适航管理和质量管控，建立产品识别码和所有者实名登记制度，明确使用单位和操控人员资质要求；严格飞行活动管理，划设无人驾驶航空器飞行管制空域和适飞空域，建立飞行活动申请制度，明确飞行活动规范；强化监督管理和应急处置，健全一体化综合监管服务平台，落实应急处置责任，完善应急处置措施。

此外，还有一些无人机有关的规范性文件，例如无人机管理程序（AP）文件《民用无人驾驶航空器实名制登记管理规定》（AP-45-AA-2017-03）；无人机咨询通告（AC）文件《民用无人驾驶航空器系统驾驶员管理暂行规定》（AC-61-FS-2013-20）《轻小无人机运行规定（试行）》（AC-91-FS-2015-31）等；无人机管理文件（MD）《民用无人机空中交通管理办法》（MD-TM-2009-002）《民用无人驾驶航空器经营性飞行活动管理办法（暂行）》（MD-TR-2018-01）等。

单元2　空域管理相关规定

无人机航测空域包括禁飞区、限飞区和适飞区，禁飞区即禁止无人机飞行的区域，无人机不得在该区域内起飞，也不得由其他区域飞入禁飞区，例如机场上空、政府机关上空、军事单位上空、高压电线等高架设施上空、火车站、汽车站等人群密集区域上空、自然保护区、野生动物保护区上空等。限飞区则对无人机的飞行高度、速度有一定的限制，在该区域内飞行的无人机必须遵守相应的限制规定，需向空中交通管理机构提出飞行活动申请，获准后才能飞行。适飞区是指管制空域范围外（真高120米以下）的空域，微型、轻型、小型无人机在适飞空域内的飞行活动无需向空中交通管理机构提出飞行活动申请，但需留意当地管理部门的临时性管控，如大型活动、人员密集的景点发布的管理公告等。一般可通过"民用无人驾驶航空器综合管理平台"查询禁飞区、限飞区和适飞区，申请飞行活动。

　　依据《中华人民共和国飞行基本规则》,中国人民解放军空军负责在全国范围内实施飞行管制。在此原则下,各地的飞行审批权归飞行活动实施地相应的部队身上。根据《无人驾驶航空器飞行管理暂行条例》,组织无人驾驶航空器飞行活动的单位或者个人应当在拟飞行前1日12时前向空中交通管理机构提出飞行活动申请。空中交通管理机构应当在飞行前1日21时前作出批准或者不予批准的决定。

　　依据国家无人驾驶航空器一体化综合监管服务平台中总结后提炼的信息,无人机操控员提交空域使用申请需要的材料主要有:

　　①飞行计划申请函(内容包括:任务描述、执行飞行单位、无人机型号、任务性质、飞行区域、飞行高度、起降点、空域使用日期、安全责任、联系方式等);

　　②飞行任务来源及任务相关材料;

　　③飞行执行单位的情况(公司介绍、业务范围、资质证明等);

　　④操作人员信息(无人机驾驶员合格证);

　　⑤无人机信息(包括实名登记资料、参数性能、实体机照片、控制方式等);

　　⑥无人机保险。

　　如任务性质涉及以下情况还需其他批准文件:

　　①外国航空器或外国人使用我国航空器,需有总参谋部批准文件;

　　②航空摄影、遥感、物探,需大军区以上机关批准文件;

　　③体育类飞行器,需地市级以上体育部门许可证明;

　　④大型群众性、空中广告宣传活动,需当地公安机关许可证明;

　　⑤无人机驾驶系留气球,需地市级以上气象部门许可证明。

　　近年来频繁发生无人机干扰民航飞行安全事件、"黑飞"事件、人口密集区域飞行器伤人事件尽管全国各地对无人机的管理方式不尽相同,但不管开展的是哪种性质的无人机飞行活动,目前在没有正式法规明确前无人机的飞行还是先要取得合法的飞行空域,否则就可能成为"黑飞",带来不可估量的损失和后果。合法飞行的前提条件包括无人机实名登记和飞行活动申请等。

　　(1)无人机实名登记

　　按照《民用无人驾驶航空器实名制登记管理规定》要求,民用无人机制造商和民用无人机拥有者须在民用无人驾驶航空器综合管理平台(UOM)上申请账户,民用无人机制造商在系统中填报其所有产品的信息;民用无人机拥有者在该系统中实名登记其个人及其拥有产品的信息,并将系统给定的登记标志粘贴在无人机上。

　　《无人驾驶航空器飞行管理暂行条例》第五章第四十七条规定:民用无人驾驶航空器未经实名登记实施飞行活动的由公安机关责令改正,可以处200元以下的罚款;情节严重的,处2000元以上2万元以下的罚款。

　　(2)无人机登记条件

　　《民用无人驾驶航空器实名制登记管理规定》适用于在中华人民共和国境内最大起飞重量为250g以上(含250g)的民用无人机。自2017年6月1日起,民用无人机的拥有者必须按照本管理规定的要求进行实名登记。2017年8月31日后,民用无人机拥有者,如果未按照本管理规定实施实名登记和粘贴登记标志的,其行为将被视为违反法规的非法行为,其无人机的使用将受影响,监管主管部门将按照相关规定进行处罚。

（3）违规处罚

《通用航空飞行管制条例》的有关内容表明，从事通用航空飞行活动的单位、个人，凡是未经批准擅自飞行、未按批准的飞行计划飞行、不及时报告或者漏报飞行动态、未经批准飞入空中限制区域和空中危险区域的，由有关部门按照职责分工责令改正，给予警告，造成重大事故或者严重后果的，依照刑法追究刑事责任。

《无人驾驶航空器飞行管理暂行条例》第五章第五十一条规定：未经批准操控微型、轻型、小型民用无人驾驶航空器在管制空域内飞行，或者操控模型航空器在空中交通管理机构划定的空域外飞行的，由公安机关责令停止飞行，可以处 500 元以下的罚款；情节严重的，没收实施违规飞行的无人驾驶航空器，并处 1000 元以上 1 万元以下的罚款。

单元 3　无人机操控员有关执照考取规定

《无人驾驶航空器飞行管理暂行条例》第二章第十七条规定：操控微型、轻型民用无人驾驶航空器飞行的人员，无需取得操控员执照，但应当熟练掌握有关机型操作方法，了解风险警示信息和有关管理制度。

真高 120 米以上管制空域内飞行需获得安全操控理论培训合格证，操控轻型民用无人驾驶航空器在无人驾驶航空器管制空域内飞行的人员，应当具有完全民事行为能力，并按照国务院民用航空主管部门的规定经培训合格，且应进行飞行活动申请，飞行活动申请需要登记操控员信息，即无人机驾驶员执照。

2014 年 4 月起，无人机驾驶员资质及训练质量管理开始由中国航空器拥有者及驾驶员协会（Aircraft Owners and Pilots Association of China，AOPA）来负责。AOPA 于 2004 年 8 月 17 日成立，是中国民用航空局主管的全国性的行业协会，也是国际航空器拥有者及驾驶员协会（IAOPA）的国家会员，也是其在中国（包括台湾、香港、澳门）的唯一合法代表。中国航空器拥有者及驾驶员协会代表中国航空器拥有者及驾驶员利益，接受国际航空器拥有者及驾驶员协会的监督、指导及相关规章约束。

无人机驾驶员合格证是由中国民用航空局或其授权机构颁发。该证是无人机飞行安全方面的基础证，全国通用是从事无人机行业人员的必备证书，具有法律强制性。

无人机驾驶员合格证分为视距内驾驶员、超视距驾驶员（机长）和教员三个等级，可直接考取，也可递进式考取。考试通过后由中国民用航空局颁发"民用无人机驾驶员执照"（电子执照），由中国航空器拥有者及驾驶员协会（AOPA）颁发"民用无人驾驶航空器系统驾驶员合格证"（实体证件）。

无人机驾驶员合格证目前为国家唯一官方认可的无人机飞行执照。持有"民用无人机驾驶员执照"和"民用无人驾驶航空器系统驾驶员合格证"可以使用对应类别、级别的无人机进行商业飞行；可以作为向空军及航管部门申请飞行计划时的人员证照凭证；按《民用无人机驾驶员管理规定》，操控空机重量大于 4kg 或起飞重量为 7kg 及以上的无人机的驾驶员需要考取无人机驾驶员执照。

获取无人机驾驶员合格证需要去无人机培训机构实行 15～30 天的培训，包含理论考试、实操考试及口试考试。理论课程考试内容：无人机原理，空气动力学，无人机的维修、组装、保养、无人机构成,100 分制,驾驶员为 70 分及格,机长为 80 分及格;实飞考试科目:主要是练习水平 360 度悬停,水平 8 字两个科目;口试考试:考官会随机提出问题,考题通过为:3 道题全答对通过,5 道题答对三道通过,一般是在无人机理论中学习的知识,例如遥控的操作及电池电压、容量、放电倍率的换算,以及无人机组件的特性和标识等;填写飞行记录本驾驶员要求:模拟实施系统检查不少于 1 小时,教练带领飞行学员不得少于 3 小时,独立飞行不少于 12 小时。

复习思考

1. 如何确定某一空域属于禁飞区、适飞区或限飞区?

2. 无人机操控员提交空域使用申请时需要哪些材料?

3. 哪部规定明确了无人机制造商和拥有者需进行实名登记?进行实名登记有哪些关键环节?

拓展任务

请自行查阅相关资料,了解无人机飞行活动申请方法、考取无人机安全操控理论培训合格证。

模块三 无人机飞行原理与航空摄影系统

学习情境描述

本模块主要介绍无人机飞行原理、无人机航空摄影系统组成、摄影测量软件系统。期望通过该模块的学习,能够帮助学习者进一步了解无人机系统中的各组成部分及其工作原理,同时对当前摄影测量相关软件系统有更全面的认识。

学习目标

1. 掌握无人机飞行基本原理。
2. 认识无人机航空摄影系统的各组成部分。
3. 认识各类摄影测量软件系统。

单元 1 无人机飞行原理

无人机的升力主要来源于其旋翼(或机翼)与空气之间的相互作用,具体原理与飞行器类型有关。

一、固定翼无人机飞行原理

固定翼无人机与传统飞机类似,主要受升力、重力、拉力和阻力四个作用力共同作用(图 3-1),飞机利用发动机产生推力或拉力以克服阻力,机翼产生的升力克服重力。

当固定翼无人机向前运动时,空气流经机翼时被分为上下两部分,分别沿机翼的上下表面流过,然后在机翼的后缘重新汇合向后流去,因机翼上表面弯曲,气流被压缩流速加快,机翼表面压力降低,下表面气流受阻流速变慢,压力增大,从而产生压力差(伯努利效应),形成了升力(图 3-2)。升力大小受多种因素的影响。首先,机翼弦线与气流之间的夹角(迎角)会影响升力大小,适当增大迎角可增

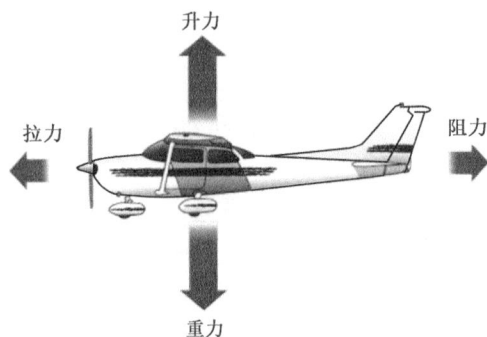

图 3-1 飞行器受力示意图

加升力,但当迎角增大超过临界迎角时,升力逐渐
减少则可能会导致无人机失速;其次,机翼的升力
随相对流速的增大而增大,随空气密度的增大而
增大,也随机翼面积的增大而增大。

当飞机在空中稳定直线飞行时,其升力等于重
力,飞行高度不变,拉力等于阻力,速度不变;当飞
机匀速上升时,其上升拉力大于平飞拉力,而上升
升力小于平飞升力。当飞机在空中稳定下降时,其

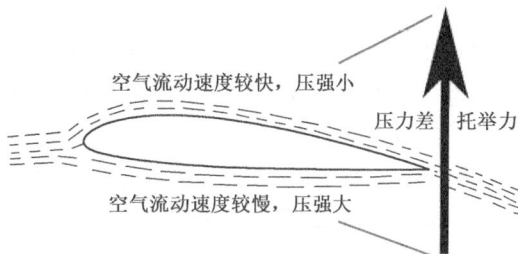

图 3-2 飞机升力产生原理

升力与重力沿垂直于飞行方向的分力均衡,阻力等于重力沿飞行方向分力与拉力(若有)之和。转
弯时,由于飞机倾斜,可将升力分解为两个分力,垂直作用的分力与重力成对,称为垂直升力分量;另
一个水平指向转弯中心的水平升力分量,也叫向心力,使得飞机从直线航迹偏向转弯航迹。

飞机受到外界干扰后偏离原来的平衡状态,待干扰消失后飞机自动回到之前的平衡状态
称为飞机的稳定性。飞机的稳定性包括纵向稳定性、航向稳定性和横向稳定性。飞机纵向稳
定性主要依靠水平尾翼转动来实现。飞机航向稳定性主要依靠飞机的垂直尾翼转动来实现;
飞机的横向稳定性主要依靠机翼上反角、后掠角和垂直尾翼的运动来实现。需要注意的是,飞
机的稳定性并不是越强越好,稳定性强意味着抗干扰性也强,让飞机能够保持比较稳定的飞行
状态,也意味着改变飞机的飞行状态越难,操控飞机需要的力矩也就越大。如果飞机横向稳定
性过强而方向性较差,飞机在侧倾时容易产生较大的方向改变,从而引发飞机自发性地周期作
侧滑、滚转和偏航运动,即荷尔兰滚。若飞机航向稳定性强,横向稳定性差,飞机在方向不稳时
会自动产生倾斜,又会引起螺旋形下降。

二、多旋翼无人机飞行原理

多旋翼无人机是由每个旋翼轴上的电动机转动带动旋翼旋转产生足够的拉力或推力,根
据牛顿第三定律,旋翼在旋转的同时会向机身施加一个反作用力(反扭距),会使得机身向相
反方向旋转,为了避免无人机机身的旋转,通过将相邻的两个螺旋桨的旋转方向设置为反向,
即可平衡这一反作用力。图 3-3 为多旋翼无人机正反桨叶安装示意图。

单个动力轴推进力的大小常通过改变不同旋翼之间的相对转速来控制,进而控制飞行器
的运动轨迹。图 3-4 为 X 型四旋翼无人机示例,三角形箭头代表飞机的机头朝向,电动机转动
带动螺旋桨 M1 和 M3 逆时针旋转,带动 M2 和 M4 顺时针旋转。

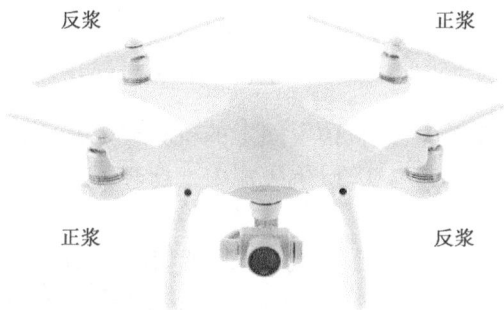

图 3-3 多旋翼无人机正反桨叶安装示意图

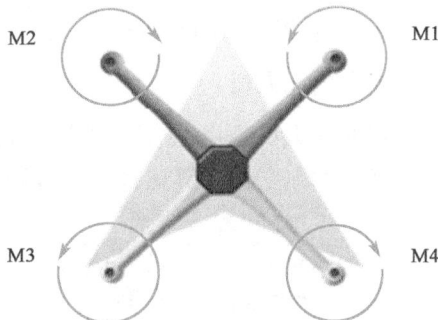

图 3-4 X 型四旋翼无人机各螺旋桨运动示意图

若要无人机保持稳定,则飞行时,使 M1、M3 产生的顺时针反作用力(反扭矩)和 M2、M4 产生的逆时针反作用力(反扭矩)相当。

若要无人机悬停,则使螺旋桨产生的升力之和与无人机总重量相等。

若要无人机上升,则使螺旋桨同时加速旋转,使升力大于无人机重力。

若要无人机下降,则使螺旋桨同时减速旋转,使升力小于无人机重力。

若要无人机逆时针旋转,则降低螺旋桨 M1、M3 逆时针旋转的电机转速,增加螺旋桨 M2、M4 顺时针旋转的电机转速。

若要无人机顺时针旋转,则增加螺旋桨 M1、M3 逆时针旋转的电机转速,降低螺旋桨 M2、M4 顺时针旋转的电机转速。

若要无人机向前飞行,则降低 M1、M2 的转速,同时增加螺旋桨 M3、M4 的电机转速。

若要无人机向后飞行,则增加 M1、M2 的转速,同时降低螺旋桨 M3、M4 的电机转速。

若要无人机向左飞行,则降低 M2、M3 的转速,同时增加螺旋桨 M1、M4 的电机转速。

若要无人机向右飞行,则增加 M2、M3 的转速,同时降低螺旋桨 M1、M4 的电机转速。

多旋翼无人机具有良好的飞行稳定性,对起飞场地要求不高,适用于起降空间狭小、任务环境复杂的场合,有人工遥控、定点悬停、航线飞行多种飞行模式,在城市大型活动应急保障、灾害应急救援中具有明显的技术优势。

单元 2　无人机航空摄影系统

完整的无人机航空摄影系统通常由无人机飞行平台、无人机飞行控制系统、无人机任务荷载系统、无人机动力系统、地面站系统组成,如图 3-5 所示。

一、无人机飞行平台

无人机飞行平台即无人驾驶飞行器是搭载测绘航空摄影、遥感传感器等设备的载体,是无人机航空摄影系统的平台保障。目前,应用于测绘的无人机飞行平台主要有固定翼无人机(图 3-6)、多旋翼无人机(图 3-7)、无人直升机(图 3-8)及飞艇(图 3-9)等。

1.固定翼无人机

固定翼无人机是由动力装置产生前进的推力或拉力,由机体上固定的机翼产生升力,在大气层内飞行的航空器。其遥控飞行和程序控制飞行均容易实现,抗风能力也比较强,是子类型最多、应用最广泛的无人驾驶飞行器。

大多数固定翼无人机具有相同的主要结构,包含机身、机翼、尾翼、起落架和发动机等,具有结构简单、加工维修方便、安全性好、机动性强等特点。但是其起降要求场地空旷、视野好,在起降场地受限时无法发挥作用。

```
                                                             ┌ 单机翼
                                            固定翼无人机 ─┼ 双机翼
                                                             └ 多机翼
                                                             ┌ 单旋翼带尾桨
                              无人机飞行平台 ─ 无人直升机 ─┼ 共轴双旋翼
                                                             └ 倾转旋翼
                                                             ┌ 四旋翼
                                            多旋翼无人机 ─┼ 六旋翼
                                                             └ 八旋翼
                                            飞艇
                                                         ┌ 传感器
                                                         ├ 控制算法
                              无人机飞行控制系统 ─┤ 执行器
  无人机航空摄影系统 ─                              └ 通信系统
                                                         ┌ 单镜头相机
                                                         ├ 多镜头倾斜摄影相机
                              无人机任务荷载系统 ─┤ 激光雷达
                                                         ├ 视频摄像机
                                                         └ 其他荷载
                                                         ┌ 电机
                                                  电动 ─┤ 电调
                                                         ├ 电池
                              无人机动力系统 ─┤       └ 螺旋桨
                                                  油动
                                                  油电混动
                              地面站系统
```

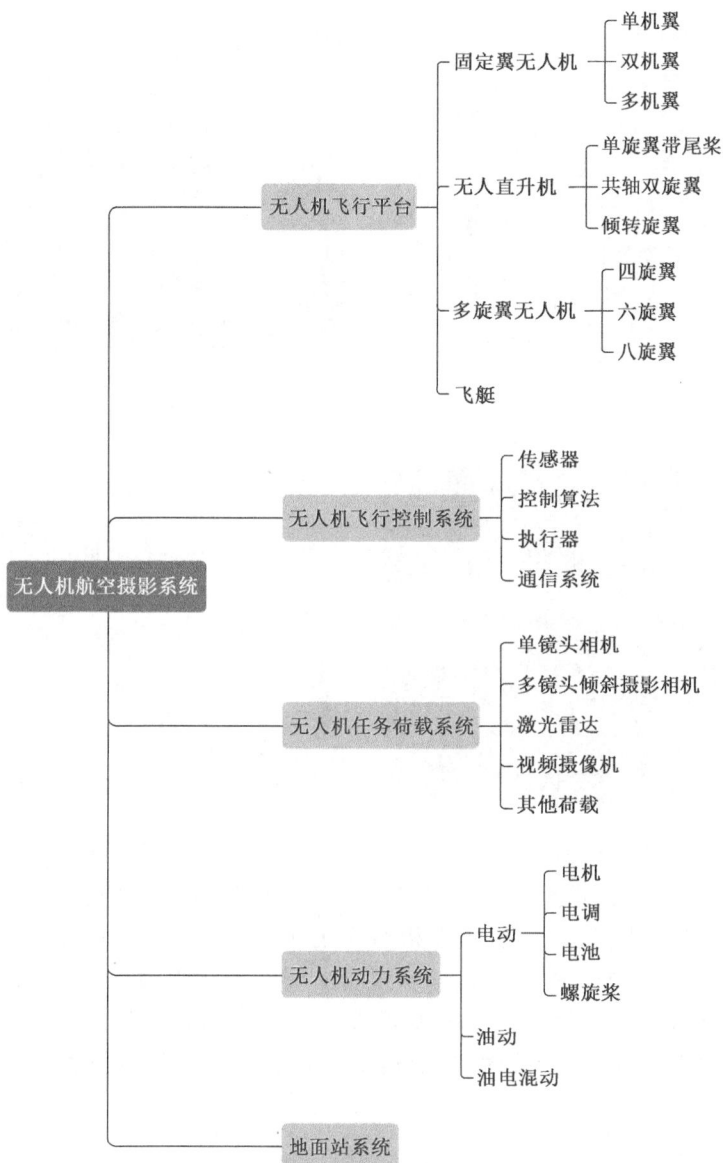

图 3-5　无人机航空摄影系统

（1）机身（Fuselage）

机身的主要功能是装载设备、燃料、武器等。同时，它也是将尾翼、机翼、起落架等其他结构部件连接成一个整体的安装基础。

（2）机翼（Wings）

机翼的主要功能是产生升力，是飞机的一个重要部件，对飞机的稳定性和操纵性至关重要。机翼一般对称布置在机身两边，前后缘安装有襟翼、副翼、缝翼、扰流板等活动部件，驾驶员可以通过操纵这些部件改变机翼的形状，达到增加升力或改变飞机姿态目的。

图 3-6　固定翼无人机

图 3-7　多旋翼无人机

图 3-8　无人直升机

图 3-9　飞艇

按照机翼的数量,飞机可分为单机翼(图 3-10)、双机翼(图 3-11)和多机翼(图 3-12)。目前绝大多数飞机是单翼机,根据单机翼在机身上的配置,又可分为上单翼(图 3-13)、中单翼(图 3-14)和下单翼(图 3-15)三种型式。从机身所受的干扰阻力来看,中单翼受的干扰阻力最小;从机身内部容积的利用来看,上单翼因通过机身的部分骨架位于机身上部,不会干扰机身内部的有效利用,其设计为最优;从起落架配置和对发动机的维修来看,下单翼飞机则更具有优势。

图 3-10　单机翼无人机

图 3-11　双机翼无人机

图 3-12　多机翼无人机

图 3-13　上单翼无人机

图 3-14　中单翼无人机

图 3-15　下单翼无人机

（3）尾翼（Empennage）

尾翼是维持飞机稳定性的重要组成部分,其类型主要有常规尾翼(图3-16)、T型尾翼(图3-17)、V型尾翼等(图3-18、图3-19)。常规尾翼包括垂直尾翼和水平尾翼,垂直尾翼后部有一个方向舵,用于控制飞机的航向运动;水平尾翼后部有一个升降舵,用于控制飞机的俯仰起到保持飞机纵向平衡及稳定性的目的(图3-20)。

图 3-16　常规尾翼

图 3-17　T 型尾翼

图 3-18　V 型尾翼

图 3-19　倒 V 型尾翼

（4）起落架

起落架一般由支柱、缓冲器、刹车装置、机轮和收放机构组成,是用来支撑飞行器停放、滑行、起飞的部件。通常起落架可分为前三点式(图3-21)、后三点式(图3-22)、固定式(图3-23)和可收放式(图3-24)几种类型。飞机的前轮可偏转,用于地面滑行时控制方向,飞机的主轮上装有各自独立的刹车装置。

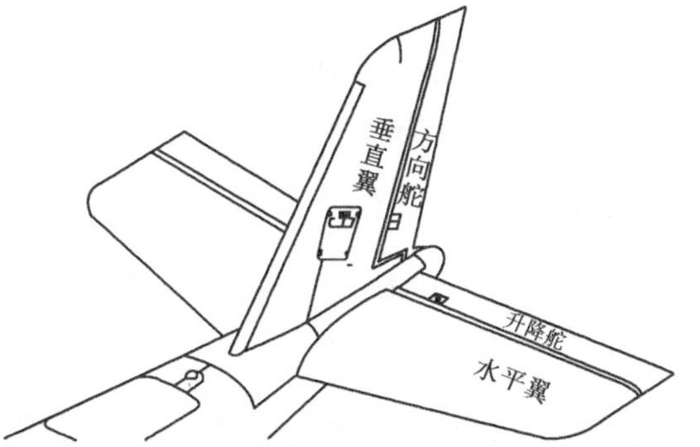

图 3-20 尾翼的组成

图 3-21 前三点式起落架

图 3-22 后三点式起落架

图 3-23 固定式起落架

2. 无人直升机

无人直升机具备垂直起降、空中悬停和低速机动能力,能够在地形复杂的环境下进行起降和低空飞行,具有多旋翼和固定翼无人机不具备的优势。它起飞重量大,可以搭载激光雷达、红外传感器等大型传感设备。

按旋翼系统分,无人直升机可分为单旋翼带

图 3-24 可收放式起落架

尾桨无人直升机、共轴双旋翼无人直升机和倾转旋翼无人直升机。

(1)单旋翼带尾桨无人直升机

单旋翼带尾桨采用传统直升机设计,主旋翼提供升力,尾桨平衡扭矩,是最为广泛应用的机型,其优点是结构简单、操纵灵便。应急消防中常用的 FWH-1000(图 3-25)即为单旋翼带尾桨型无人直升机。

图 3-25 FWH-1000 型无人直升机

（2）共轴双旋翼无人直升机

共轴双旋翼无人直升机采用上下共轴反转的两组旋翼，其结构紧凑。两副旋翼同轴反转平衡了旋翼扭矩，所以不需要尾桨，同时也消除了尾桨带来的故障隐患。近期研发生产出的T333（图3-26）为共轴双旋翼无人直升机。

（3）倾转旋翼无人直升机

倾转旋翼无人直升机旋翼可倾转，兼具直升机和固定翼飞机的特点。如图3-27所示为"彩虹-10"无人倾转旋翼机。

图3-26　T333共轴双旋翼无人直升机

图3-27　"彩虹-10"无人倾转旋翼机

3. 多旋翼无人机

多旋翼无人机是一种具有三个及以上旋翼轴的特殊直升机，其主要由机身、机臂、脚架、云台、螺旋桨、GNSS接收机等部件组成，如图3-28所示。

从其旋翼数量来看，常见的多旋翼无人机类型有四旋翼（图3-29）、六旋翼（图3-30）、八旋翼（图3-31）三种。

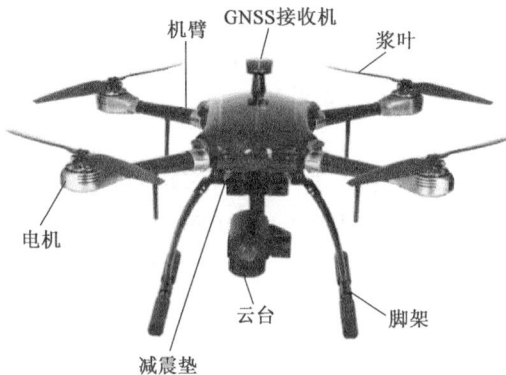

图3-28　多旋翼无人机组成部件

图3-29　四旋翼无人机

根据机架结构和前进方向关系，多旋翼无人机又可细分为Ⅰ型（图3-32、图3-33）、X型（图3-34）、V型（图3-35）等类别。

（1）机身

多旋翼无人机机身是指其机身架，主要用于安装各类设备、动力蓄电池或燃料，同时也是其他结构零件的安装基础,用来将脚架、机臂和云台等连接成一个整体。

图 3-30 六旋翼无人机

图 3-31 八旋翼无人机

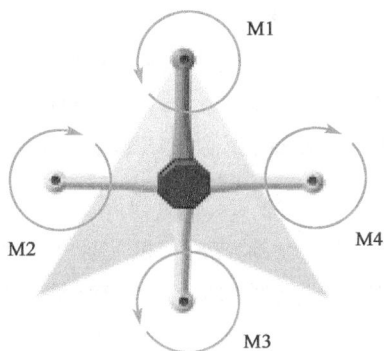

图 3-32 Ⅰ型四旋翼飞行器

图 3-33 Ⅰ型六旋翼飞行器

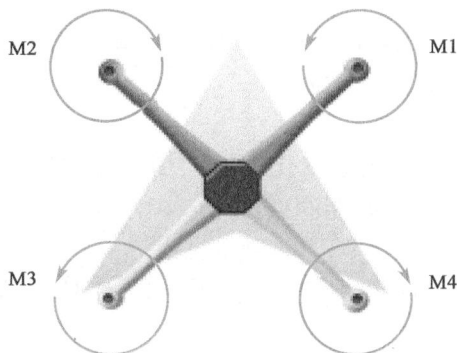

图 3-34 X 型四旋翼飞行器

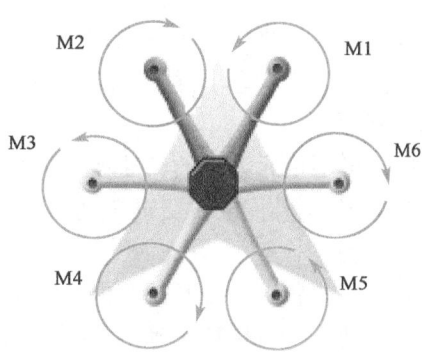

图 3-35 V 型六旋翼飞行器

(2)机臂

机臂是机架的延伸,为螺旋桨和电机提供固定点,确保它们稳定运转。机臂的长度和对称性直接影响无人机的重心和飞行稳定性。

(3)脚架

脚架用于支撑整个飞机的重量,可有效吸收飞机在着陆时的撞击能量,避免降落时螺旋桨与地面发生碰撞。

(4)云台

云台是指用于稳定相机或其他传感器的支撑设备,通过机械或电子方式抵消无人机的震动和抖动,确保在飞行过程中拍摄的画面或采集的数据稳定。

（5）螺旋桨

无人机螺旋桨是无人机产生推力和升力的关键部件,通常由两片或多片桨叶组成,通过电机驱动高速旋转,推动空气产生反作用力,使无人机飞行,其设计和材料直接影响无人机的性能和用途。

（6）全球导航卫星系统(GNSS)接收机

无人机 GNSS 接收机是无人机导航和定位的核心组件,能够接收来自多个卫星系统的信号,为无人机提供精确的实时地理位置(经度、纬度、高度);提供精确的时间同步,用于任务调度和数据记录;帮助无人机规划航线并实现自主飞行;辅助无人机在悬停、返航等操作中保持稳定。

二、无人机飞行控制系统

无人机飞行控制系统(Flight Control System,FCS)是指可以稳定无人机的飞行姿态,且能控制无人机实现半自主或自主飞行的控制系统,简称"飞控系统"。无人机飞控系统是确保无人机稳定、安全飞行的关键技术,其基本组成部分包括传感器、控制算法、执行器和通信系统。

1. 传感器

无人机的传感器部分负责采集无人机周围环境数据,以确定无人机实时的位置、速度、姿态以及周围环境等信息,是飞控系统的重要组成部分。传感器的数据为控制算法提供必要的输入,使无人机能够进行稳定的飞行控制和导航。

无人机常用的传感器类型包括以下几类。

（1）加速度计

加速度计用于测量无人机在三个轴向上的加速度,以此进行姿态估计和动态响应,特别是在快速变化的飞行状态下,能够帮助计算无人机的速度和位移。

（2）陀螺仪

陀螺仪可测量无人机的角速度,帮助确定无人机的姿态变化(俯仰、横滚、偏航),与加速度计结合使用,可共同提供更准确的姿态信息,增强飞行控制的稳定性。

（3）磁力计

磁力计可测量地球磁场的方向,为无人机提供航向信息,尤其在 GPS 信号不佳的环境中,磁力计可帮助无人机保持正确的飞行方向。

（4）气压计

气压计用于测量环境气压,推算出无人机的高度变化,在 GPS 信号不稳定或失效的情况下,仍能提供高度信息,增强无人机飞行的安全性。

（5）全球定位系统(GPS)

全球定位系统可提供无人机的地理位置信息,包括经度、纬度和高度,实现无人机的导航、定点飞行和路径规划,是无人机飞行的重要基础。

（6）光流传感器

光流传感器是通过分析地面图像的变化,提供高度和位置的微调信息。在低空飞行时,能够增强无人机的稳定性和定位精度。

以上几种传感器中,加速度计、陀螺仪、磁力计和气压计构成惯性测量单元(IMU)。

2.控制算法

控制算法根据气压计和 GPS 等传感器采集到的数据,计算出控制指令,调整执行器的位置和转速,使无人机保持稳定的飞行姿态、飞行高度,沿着预定的路径或跟踪目标飞行,从而实现姿态控制、高度控制、导航控制和目标跟踪等。

3.执行器

无人机的执行器部分负责将控制算法部分的指令转化为机械运动,控制无人机的电机、舵机等动力系统,从而控制无人机的姿态和运动状态。执行器的性能和稳定性直接影响无人机的飞行控制和导航精度,因此在无人机设计和应用中具有重要意义。

4.通信

无人机的通信部分负责与地面站或其他设备进行通信,将无人机的状态、传感器数据和控制信息传输给地面站或其他设备,接收地面站或其他设备发送的控制指令,控制无人机的姿态和运动状态。通信的安全性和可靠性直接影响无人机的飞行控制和导航精度,因此在无人机设计和应用中同样具有重要意义。

无人机常用的通信方式有无线电通信、蓝牙通信、卫星通信。无线电通信常用于中长距离的无人机通信,如农业植保无人机、航拍无人机等;蓝牙通信常用于短距离的无人机通信,如室内飞行、小型无人机等。卫星通信常用于远程地区或海洋上的无人机通信,如海洋探测无人机、航空测绘无人机等。

三、无人机任务荷载

无人机任务载荷主要是指搭载在无人机平台的各种传感器设备,用于执行特定任务的数据采集与处理。在无人机测绘中,常用的任务载荷包括单镜头相机、多镜头倾斜摄影相机、红外传感器、激光雷达以及视频摄像机等。实际生产中,根据具体测量任务的需求,选择适配的载荷设备是实现高效、精准作业的关键。

1.单镜头相机

单镜头相机是无人机摄影测量中常用的设备之一,主要包括非量测型数码相机(图 3-36)和量测型数码相机(图 3-37)。

图 3-36　非量测型相机　　　　　　图 3-37　量测型相机

非量测型数码相机即普通数码相机,主要包括单反相机、微单相机以及在单个普通数码相机基础上组合而成的组合宽角相机等。这类相机具有空间分辨率高、成本低廉、操作简便等特点,在数字摄影测量领域得到了广泛应用。

量测型相机专为测绘任务设计,具有更高的几何精度和稳定性,适用于高精度测绘项目。

2. 多镜头倾斜摄影相机

倾斜摄影技术是近年来测绘领域的一项重要创新,突破了传统正射影像仅能从垂直角度拍摄的限制。通过在无人机平台上搭载多台传感器(镜头),同时从不同角度采集影像数据,倾斜摄影技术能够构建更符合人眼视觉的三维实景模型。

多镜头倾斜摄影相机通常包括五镜头相机和双镜头相机等。五镜头相机通过多个镜头同时采集前、后、左、右及垂直方向的影像,能够生成更全面的三维模型,如图 3-38 所示。倾斜摄影技术在城市规划、灾害评估、文化遗产保护等领域具有显著优势,能够提供更直观、真实的地理信息。

3. 激光雷达

激光雷达(Light Detection and Ranging,LiDAR)是一种基于激光测距原理的主动成像技术,LiDAR 系统通过发射激光脉冲并测量其反射时间来计算距离,结合 GNSS 定位和惯性导航系统(INS)数据,能够精确解算目标点的三维坐标。LiDAR 不受自然光照条件限制,能够穿透植被覆盖,获取地表及林下地形数据。LiDAR 在地形测绘、森林资源调查、气象监测、军事制导、飞行器避障等领域具有广泛应用。大疆行业无人机 L1(图 3-39)为激光雷达负载摄影相机。

图 3-38　多镜头倾斜摄影相机　　　　图 3-39　L1 激光雷达负载摄影相机

4. 视频摄像机

无人机搭载的视频摄像机主要采用两种成像技术:电荷耦合器件(Charge Coupled Device,CCD)和互补金属氧化物半导体(Complementary Metal Oxide Semiconductor,CMOS)。图 3-40 为无人机视频摄像机。

CCD 是一种基于半导体技术的成像器件,对光线的敏感度较高,能够在低光照条件下捕捉清晰的图像;能够有效抵抗强光干扰,避免图像过曝;成像的几何畸变较小,适合高精度测量任务;体积小、重量轻,适合搭载在小型无人机平台上;具有较长的使用寿命,且在震动环境下仍能保持稳定的成像性能。CCD 摄像机在需要高精度成像的场景中(如测绘、环境监测)已得到了广泛应用。

图 3-40 无人机视频摄像机

CMOS 是一种基于电压控制的放大器件,同时也是构成 CMOS 数字集成电路的基本单元。与 CCD 相比,CMOS 摄像机功耗较低,适合长时间飞行任务;能够将图像传感器与信号处理电路集成在同一芯片上,降低了系统复杂性和成本;支持高速图像读取,适合动态场景的实时拍摄;制造工艺成熟,生产成本较低,适合大规模应用。CMOS 摄像机在消费级无人机、安防监控、影视拍摄等领域得到了广泛应用,尤其是在需要实时视频传输的场景中表现突出。

四、动力系统

无人机的动力系统是确保其飞行性能的核心组成部分,通常包括电动机和内燃机两种类型,其中电动机是目前应用最广泛的动力来源。电动动力系统主要由电机、电子调速器(电调)、螺旋桨和电池组成。动力系统各部件之间的匹配性,以及动力系统与无人机整机的适配性,直接影响无人机的效率、稳定性和续航能力。因此,动力系统的设计与选型至关重要。

根据动力来源的不同,无人机可分为以下几类。

1. 电动无人机

电动无人机以电动机为动力来源,其动力系统包括电机、电调、螺旋桨和电池。电机结构简单,制造成本低;运行稳定,事故率低;使用清洁能源,环保无污染。但电池能量密度有限,续航时间较短。电动无人机广泛应用于消费级无人机,完成航拍、物流配送等领域的工作。

2. 油动无人机

油动无人机以内燃机为动力来源,根据燃料类型可分为甲醇动力、汽油动力和重油动力三种。其飞行速度快,效率较高;抗风能力强,适合在复杂气象条件下飞行;续航时间长,适合长航时任务。多用于军事侦察、农业喷洒等对续航和动力要求较高的领域。

3. 混合动力无人机

混合动力无人机结合了电驱动系统和常规发动机的优点,是一种新型双动力系统,由汽油发电机为电池充电,电池驱动电动机。动力可单独来自电池或汽油发电机,也可由两者同时提供,起飞和爬升性能优异,续航时间显著延长。混合动力无人机适用于长航时和高可靠性的任务,如灾害监测、远距离物资运输等。

4. 固态氧化物燃料无人机

固态氧化物燃料无人机采用固态氧化物燃料电池作为动力来源。其能量转换效率高,续航能力较强;燃料清洁,环境污染小。适用于长航时任务,如环境监测、边境巡逻等。

5. 太阳能无人机

太阳能无人机依靠太阳能电池板将光能转化为电能,为无人机提供动力。适合高空长航时任务,如气象观测、通信中继等。

五、地面站系统

无人机地面控制站是整个无人机系统非常重要的组成部分,是地面操作人员直接与无人机交互的渠道。它包括任务规划、任务回放、实时监测、数字地图、通信数据链在内的集控制、通信、数据处理于一体的综合能力,是整个无人机系统的指挥控制中心。

地面站系统应具有下面几个典型的功能。

1. 飞行监控功能

飞行监控功能是指无人机通过无线数据传输链路,下传飞机当前各状态信息。地面站将所有的飞行数据保存,并将主要的信息用虚拟仪表或其他控件显示,供地面操纵人员参考。同时根据飞机的状态,实时发送控制命令,操纵无人机飞行。

2. 地图导航功能

地图导航功能是指根据无人机下传的经纬度信息,将无人机的飞行轨迹标注在电子地图上。同时可以规划航点航线,观察无人机任务执行情况。

3. 任务回放功能

任务回放功能是指根据保存在数据库中的飞行数据,在任务结束后,使用回放功能详细观察飞行过程的每一个细节,检查任务执行效果。

4. 天线控制功能

天线控制功能是指地面控制站实时监控天线的轴角,根据天线返回的信息,对天线校零,使之能始终对准飞机,跟踪无人机飞行。

单元3 摄影测量软件系统

摄影测量软件系统是通过摄影影像(如航空、航天、无人机影像等)进行三维空间信息提取、地形测绘、三维建模的核心工具。其组成通常涵盖从数据预处理到成果输出的全流程模块。

目前行业中主要使用的摄影测量软件及相关功能如下。

一、航天远景系列软件

航天远景系列软件是由武汉航天远景科技股份有限公司研发的全套摄影测量数据处理软件,主要包括以下模块。

1. 数字摄影测量系列

(1)多源地理数据综合处理系统 MapMatrix

MapMatrix V5.0 是一款基于无人机、航空、卫星遥感等数据的新一代数字摄影测量立体测图系统,具备强大的基础测绘标准4D产品生产能力,以及作业过程自动化、采编入库一体化、数据处理规模化等优势。

目前该系统已广泛应用于基础测绘、城市规划、国土资源、卫星遥感、军事测量、公路、铁路、水利、电力、能源、环保、农业、林业等众多领域。

MapMatrix V5.0有以下主要功能模块。

①DEMMatrix数字高程模型功能模块

DEMMatrix数字高程模型(图3-41)功能模块有以下功能特征。

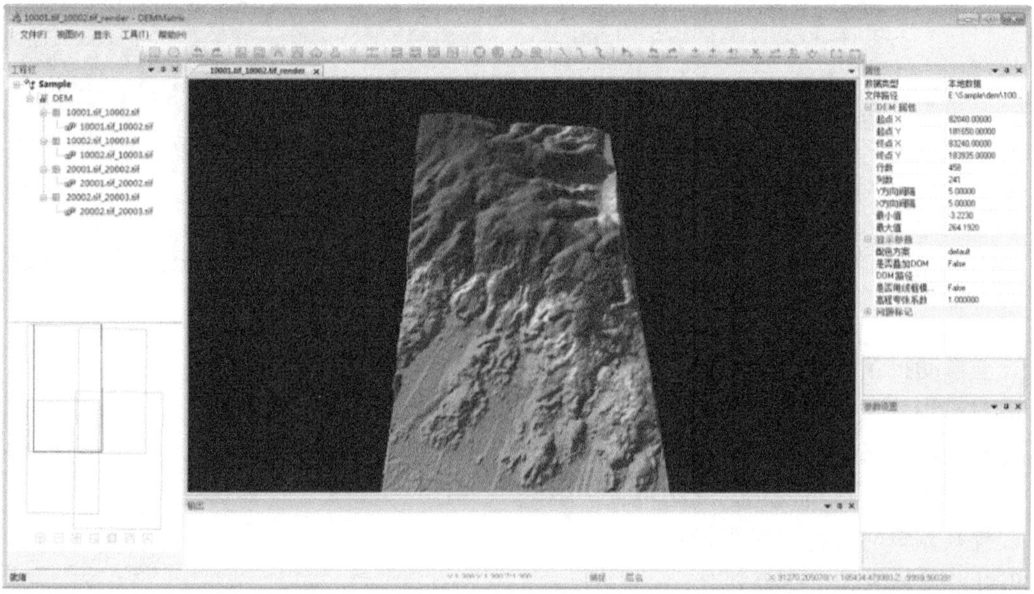

图3-41　高程模型功能模块

a.能全自动批处理进行影像匹配、特征点线自动匹配,输出全区数字表面模型(Digital Surface Model,DSM)、数字高程模型(Digital Elevation Model,DEM)产品,自动构建三角网并生成等高线;

b.能够实现超过1G的NSDTF格式的DEM文件的二、三维视图浏览;

c.支持核线像对、原始像对、实时核线等多种编辑模式,以及无立体情况下的DEM编辑;

d.具有定值高程、平均高程、匹配点内插、局部平滑、全局平滑、房屋过滤、图章等一系列便捷实用的平面编辑功能;

e.能够实现道路、池塘范围线的自动提取、房屋过滤、单点修复、线修复;

f.加点、加线,叠加FDB/DXF(一种数据库文件格式)等矢量文件可参与DEM编辑;

g.可联动编辑DEM和数字正射影像图(Digital Orthophoto Map,DOM);

h.可做到大数据量(GB级)DEM的拼接、裁切、格式转换;

i.能够逐像素密集匹配生成DSM;

j.可进行DEM成果精度检查和分析。

②DOMMatrix数字正射影像模块

DOMMatrix数字正射影像模块(图3-42)有以下功能特征。

图 3-42　数字正射影像模块

a. 全自动批量生成正射影像；

b. 对平坦区域控制点平均平面正射纠正生成正射影像；

c. 完成正射影像拼接与裁切；

d. 进行正射影像可视化匀光匀色；

e. 镶嵌编辑与修补正射影像；

f. 对正射影像进行图幅划分。

③FeatureOne 特征采集处理模块

FeatureOne 特征采集处理模块(图 3-43)具有以下功能特征。

图 3-43　特征采集处理模块

a. 基于立体像对快速创建立体模型,提供良好立体显示效果;

b. 套合立体进行方便快捷的立体采集操作;

c. 基于 OSGB(Open Scene Graph Binary,一种用于存储和加载三维模型的文件格式)三维模型生成倾斜三维测图;

d. 实现不动产、国际旧版、国际新版、军标、英文版等各种版本符号的可视化浏览、修改和定制以及 AutoCAD 等平台符号的直接导入;

e. 具有曲线内插、曲线修测、曲线光滑、批量连接、打断、平行线打散连接、双线自动转单线、面自动转换为点等丰富完善的立体编辑功能;

f. 能够完成检查、拓扑操作;

g. 生成不动产入库方案(完善的不动产符号库、针对性的不动产方案配置以及错误检查);

h. 实现一体化采编入库;

i. 能够批量分幅、图廓整饰、打印出图。

(2)MapMatrix 多源地理数据综合处理集群平台 MapMatrixgrid

MapMatrix Grid V3.0 是专为团队项目级协同生产与新型基础测绘建设打造的一款功能完备的网络化数字摄影测量立体测图系统,具备基于规模化无人机、航空、卫星遥感、实景三维、激光点云等数据的强大标准 4D 产品与地理实体生产更新能力,以及数据兼容多源化、测图模式多样化、作业过程网络化、立体显示云驱动、采编库图一体化、实体关系结构化、实体表达语义化、项目管控精细化等优势,相比单机作业可实现 20% ~ 30% 团队综合生产效率提升。

图 3-44 所示为多源地理数据综合处理集群平台架构。

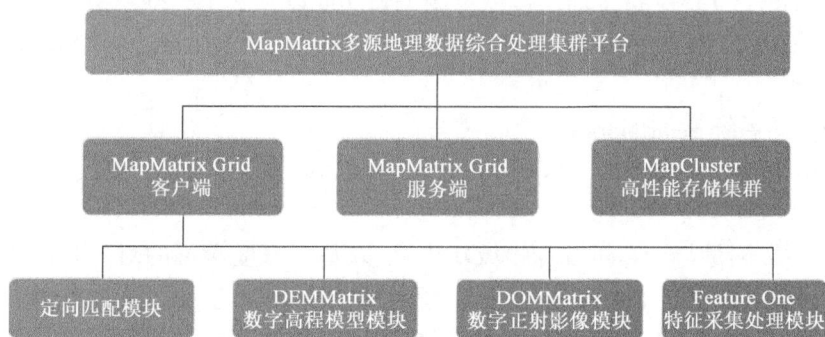

图 3-44　多源地理数据综合处理集群平台架构

(3)图阵三维智能测图系统 MapMatrix3D

MapMatrix3D 图阵三维智能测图系统是专为高效大比例尺倾斜三维测图打造的智能化三维测图软件产品,具备多样化三维测图作业模式、丰富智能化地形地物采编操作以及一体化采编入库流程支持,能够智能高效的完成 1∶500 基础测绘与房地一体项目绘制工作。

同时 MapMatrix3D 还具备全面的模型量测编辑功能以及基于三维模型的一键式数字真正射影像图(True Digital Ortho Photo Map,TDOM)与 DSM 成果快速输出能力,能够实现基于三维模型的 4D 产品高效生产,有效拓展倾斜摄影测量成果的应用领域。

（4）无人机稀少控制空中三角测量平台 HAT

HAT 是新一代空中三角测量（简称"空三"）平台。该平台能够支持全野外布控下的传统稀少控制空三加密，以及高精度纯 GPS 的免像控平差与高精度 GPS + 高精度 IMU 的联合的免像控平差，高效完成大面积区域的空三加密任务。

（5）ArcInfo 联机测图系统 ArcMatrix

ArcMatrix 是一套 ArcInfo 联机测图系统，该系统打破了传统立测数据采、编、入库的作业流程，在入库数据和立体影像数据之间建立了一个直通车，非常适合入库数据的快速修测以及立测数据的直接入库。

2. 倾斜影像处理系列

（1）全自动倾斜摄影测量三维建模集群系统 Virtuoso3D

Virtuoso3D 是专为光学影像高效三维重建打造的一套国际先进的高性能倾斜影像三维建模集群系统，具备城市级倾斜数据处理能力、稳定可靠的空三作业模式、高精度实景三维模型自动重建效果以及深度并行的智能集群运算架构，能够实现从单个静物（如商品、文物、雕塑等）精细构建到大规模实景三维模型自动化高效生产的全场景应用，为基础测绘、城市规划、国土资源、公安、互联网电商、考古和文物保护等多个行业提供精细高效的光学图像三维重建系统解决方案。

（2）图阵三维智能测图系统 MapMatrix3D

MapMatrix3D 图阵三维智能测图系统是航天远景专为高效大比例尺倾斜三维测图打造的智能化三维测图软件产品，具备多样化三维测图作业模式、丰富智能化地形地物采编操作以及一体化采编入库流程支持，能够智能高效地完成 1∶500 基础测绘与房地一体项目绘制工作。

同时 MapMatrix3D 还具备全面的模型量测编辑功能以及基于三维模型的一键式 TDOM 与 DSM 成果快速输出能力，能够实现基于三维模型的 4D 产品高效生产，有效拓展倾斜摄影测量成果的应用领域。

（3）智能测图系统 SmartMatrix

SmartMatrix 是专为三维场景地理要素识别、提取和分类打造的一款三维智能测图系统软件。

系统融合摄影测量与计算机视觉领域新成果，以基于深度学习的对象智能识别与分类技术为依托，能够快速获取三维模型地理要素对象的几何结构信息，实现模型中房屋、独立田块、植被、道路、水体及地形等丰富地理要素的自动提取，以及贴合模型的要素矢量轮廓线和体轮廓线快速构建。在深度挖掘三维模型核心数据的同时为模型语义赋能，致力于实现基于三维场景的"按需测绘"和"动态更新"。

（4）地理信息系统 VRGIS

VRGIS 是基于开源技术研发定制的一款轻量级二三维一体化桌面地理信息系统软件，操作便捷且支持无缝跨平台作业，具备基于矢量、栅格、三维模型等多源数据的浏览、管理、编辑、分析、专题制图功能以及 WMS［开放地理空间信息联盟（OGC：Open Geospatial Consortium）的 Web 地图服务规范］、WCS［开放地理空间信息联盟（OGC）的 Web 栅格服务面向空间影像数据。］、WFS［开放地理空间信息联盟（OGC）的 Web 矢量（要素）服务］等地理信息系统（Geographic Information System,GIS)服务发布管理能力,能够全面满足多源空间数据的编辑、管理及应用需求。

(5)三维实景地理信息发布系统 3DMatrix

3DMatrix 是一款纯 Web 化、无插件的二三维空间地理信息应用服务平台软件。该软件采用轻量级异步渲染技术、自研三维引擎与工业级开源框架,可对 TB 级三维场景进行快速网络化发布、流畅渲染展示与跨平台应用,配合软件丰富的模型量测、分析功能与便捷的插件式二次开发支持,将三维场景与业务系统有机结合,行业应用范围极广。

(6)增强现实系统 ARMatrix

ARMatrix 增强现实系统是一款面向全球虚拟地理环境的轻量化、高精度三维仿真平台软件,具备成熟三维渲染技术、批量异构数据融合能力、大型地形管理系统、动态仿真气象系统以及真实时间管理系统,能够实现全球、全空间(空、天、地、海)多源数据和自然景观的三维可视化增强渲染展示与超精细表达,实现丰富特色化功能应用,为用户打造沉浸式的地理场景体验。

二、VirtuoZo 摄影测量系统

VirtuoZo 是由王之卓院士于 1978 年提出,在张祖勋院士主持下经过十几年的努力研制成功的全数字化摄影测量系统。VirtuoZo 采用国际先进的快速匹配算法确定同名点,可处理航空影像、SPOT 影像和近景影像。实现了从内定向、相对定向、空三、DEM 生成、正射影像制作等生产过程的自动化。

VirtuoZo 的主要功能及特点如下。

1. 全软件化设计

VirtuoZo 是一个全软件化设计、功能齐全和高度智能化的全数字摄影测量系统。

2. 高度自动化

影像的内定向、相对定向、影像匹配、建立 DEM、由 DEM 提取等高线和制作正射影像等操作,基本上不需要人工干预,可以批处理地自动进行。

3. 高效率

相对定向只需 1~2 分钟,匹配同名点的速度达到每秒 2000 点以上。

4. 灵活性

系统提供了"自动化"和"交互处理"两种作业方式。用户可以根据具体情况灵活选择。

5. 科学条理化

涵盖数字摄影测量 4D 产品[DEM、DOM、数字线划地图(Digital Line Graphic,DLG)和数字栅格地图(Digital Raster Graphic,DRG)]生产的所需要的全部模块,此外还针对实际教学的需要对软件进行了优化,对功能的划分更加科学化和条理化。

VirtuoZo 摄影测量系统系列产品及模块如下。

(1)VirtuoZo Classic——全数字化摄影测量软件标准版。

(2)VirtuoZo Lite——全数字化摄影测量软件普及版。

（3）VirtuoZo Education——全数字化摄影测量软件教育版。

（4）VirtuoZo OrthoKit——制作正射影像软件。

（5）VirtuoZo MapEngine——数字化测图软件。

（6）VirtuoZo MSMapper——MicroStation 测图接口软件。

（7）VirtuoZoEPMapper——电力选线与量测三维可视化平台。

（8）VirtuoZo OrthoMapper——正射影像数字测图软件。

（9）VirtuoZo CADMapper——AutoCAD 测图接口软件。

（10）VirtuoZo AAT——自动空中三角测量系统。

三、ImageStation SSK

ImageStation SSK 是摄影测量及制图软件的提供商 Intergraph 提供的摄影测量解决方案。Imagestation SSK 数字摄影测量软件包是数字摄影测量技术发展了 20 余年的积累成果。具备处理传统航测数据、数字航测数据、卫星影像数据以及近景摄影测量数据的能力;具备针对生产的优化设计、批命令、高效数据压缩和自动化作业能力,从空三加密到 DTM 采集到正射影像制作,贯穿整个作业流程,是涵盖摄影测量全领域的完全解决方案。

Imagestation 包含七个基本模块和四个高级选装模块。

（1）Imagestation 项目管理模块（ISPM）。

（2）Imagestation 数字模块（ISDM）。

（3）Imagestation 立体显示模块（ISSD）。

（4）Imagestation DTM 采集模块（ISDC）。

（5）Imagestation 特征采集模块（ISFC）。

（6）Imagestation 基础纠正模块（ISBR）。

（7）IRASC 遥感图像处理模块。

（8）Imagestation 自动 DTM 采集模块（ISAE,选装）。

（9）Imagestation 自动空三模块（ISAT,选装）。

（10）Imagestation 卫星空三模块（ISST,选装）。

（11）Imagestation 自动正射模块（ISOP,选装）。

该测图系统把解析测图仪、正射投影仪、遥感图象处理系统集成为一体,与 GIS（地理信息系统）以及 DTM（数字地形模型）在工程 CAD 中的应用紧密结合在一起,形成强大的具备航测内业所有工序处理能力的、以 Windows 操作系统为基础的数字摄影测量系统。

四、Inpho 摄影测量系统

Inpho 摄影测量系统是 Inpho 公司研发的航空摄影测量软件系统,该公司于 1980 年由德国斯图加特大学阿克曼（FritzAckermann）教授创立。该软件系统包含许多模块,不同的模块承担着摄影测量的不同任务,涵盖了空三、平差、DTM 提取、DTM 编辑、LiDAR 建模、正射纠正、镶嵌匀色等一整套作业流程。

1. Applications Master——系统启动核心

空三加密、DTM 自动提取、正射纠正等均在此系统下启动。

2. MATCH-AT——专业的空三加密模块

处理自动、高效、便捷,自动匹配有效连接点的功能非常强大,在水域、沙漠、森林等纹理比较差的区域也可以很好地进行匹配。

3. MATCH-T DSM——全自动提取 DTM/DSM 模块

可以基于立体像对自动、高效地匹配密集点云,获得高精度的 DTM 或 DSM。

4. OrthoMaster——全自动、高效的正射纠正模块

可以对单景或多景甚至数万景航片、卫片进行正射纠正,并可以进行正射纠正处理。

5. OrthoVista——卓越的镶嵌匀色模块

对任意来源的正射纠正影像进行自动镶嵌、匀光匀色、分幅输出等专业影像处理,处理极其便捷、自动,处理效果十分卓越。

6. UASMaster——专门针对无人机影像处理的模块

针对无人机影像数据进行算法改进能一次处理 2000 幅无人机影像,匹配效果非常好。

除以上无人机摄影测量系统软件外,还有 Pix4D、DPGrid、ContextCapture、AgisoftMetashape 等较为出名的软件。随着倾斜摄影、贴近摄影等摄影测量技术的不断发展,许多其他形式的摄影测量软件也不断的涌入市场。

复习思考

1. 无人机是如何完成各类飞行动作的?
2. 无人机航空摄影系统的组成有哪些? 分别具有什么功能?
3. 现常用的摄影测量处理软件有哪些? 分别具有哪些关键模块?

拓展任务

请自行查阅相关资料,下载安装一种摄影测量数据处理软件,并在网上查阅相关学习教程。

模块四 无人机航空摄影测量基础认知

📖 学习情境描述

航空摄影测量是利用航空摄影机从飞机或其他航空器上获取地面或空中目标图像信息的技术,相比于传统测绘更高效,可大量节约人力物力,已被广泛应用于地形图测绘,在路线勘测和环境监测等方面亦有广泛应用。本模块主要介绍无人机航空摄影测量基本知识,以及无人机航测前沿技术。期望通过该模块的引入,能够全面介绍无人机航空测绘的基础知识,阐明相关概念。

✍️ 学习目标

1. 了解无人机航测中可能使用的相关坐标系。
2. 掌握无人机航测的相关名词含义。
3. 熟悉无人机航空测绘产品的功能及应用场景。

单元 1　无人机航空摄影测量基本知识

一、像片倾角、旋偏角和航线弯曲度

1. 像片倾角

像片倾角是摄影物镜的主光轴偏离铅垂线的夹角 α,如图 4-1 所示。通常,夹角 ≤3° 的称为竖直航空摄影。

以测绘地形图为目的的空中摄影多采用垂直摄影的方式,通常用于制作 DEM、DOM、DLG 等传统数字测绘产品。

像片倾角 $\alpha > 3°$ 的航空摄影称为倾斜航空摄影,可用于三维实景模型的制作,其三维数据可真实反映地物的位置、高度、外观等属性。

2. 旋偏角

旋偏角是相邻像片框标连线和像片主点连线的夹角,旋偏角过大或过小会减小立体像对的有效范围。一般选取

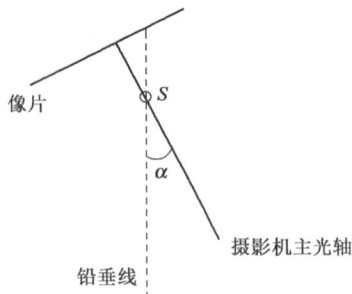
图 4-1　像片倾角

两个同名点连接两像片,和像主点一起来计算旋偏角大小 K,如图 4-2 所示。

像片旋偏角一般不大于 15°,最大不超过 25°,在一条航线上,接近最大旋偏角的像片数不得超过 3 片,且不得连续。在一个摄区内出现最大旋偏角的像片数量不得超过摄区像片总数的 4%。

对于偏流的修正,可根据飞机的航向和 GNSS 导航系统指示的飞行轨迹角度,计算出偏流大小,作为修正偏流的参考,并通过设置摄影仪在坐架中的旋转角来消除。

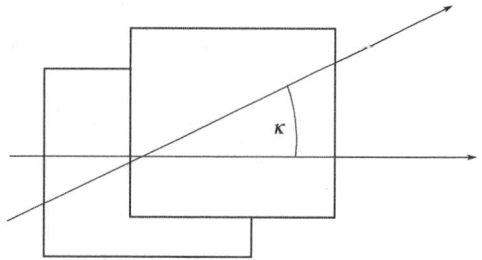

图 4-2　像片旋偏角

3. 航线弯曲度

把一条航线的航摄像片根据地物影像叠拼起来,连接首尾像片主点成一条直线,同时量出其距离 L。若航线中各张像片的像主点连线不呈一条直线,航线则呈曲线状,称之为航线弯曲。其中偏离航线最大的主点距离 δ 与航线 L 的比值,称为航线弯曲度,如图 4-3 所示,航线弯曲度通常不得大于 3%。

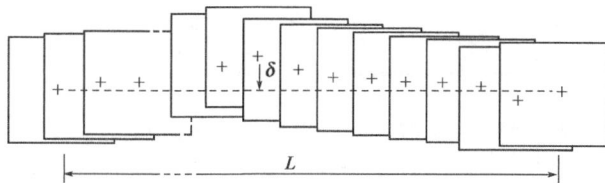

图 4-3　航线弯曲度

二、摄影比例尺、航高与像点位移

1. 摄影比例尺

图上任一线段长度与实际地面上相应线段水平距离之比,称为图的比例尺,如图 4-4 所示,由于像片存在倾斜,故像片上比例尺处处不等,一般采用平均值。

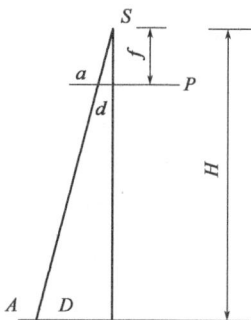

$$\frac{1}{m} = \frac{d}{D} = \frac{f}{H} \tag{4-1}$$

式中,f 为物镜中心至像面的垂距,称为摄影机主距;H 为摄影中心相对于测区平均水平面的高度,称为相对航高;d 为图上某任意线段长度;D 为某任意线段在实际地面上对应线段长度;m 为成图比例尺的分母。

摄影比例尺越大,像片地面的分辨率越高,有利于影像的解译和提高成图精度,但摄影比例尺过大,会增加工作量及成本。

在空中摄影之前,应根据测图比例尺、成图精度、成图方法和成本效率等多方面来综合考虑确定摄影比例尺。

图 4-4　航摄比例尺

2. 航高

由于主距固定,影响航摄比例尺的主要因素是航高。航高包括绝对航高与相对航高两类。

绝对航高:相对于高程基准面的航高;

相对航高:相对于摄区平均高程基准面的航高。

航高的变化将直接影响摄影比例尺和像片重叠度,故要尽量保持航高不变。航摄比例尺大于 1:5000 时,航线上相邻像片高差不得大于 20m,同航线最大、最小航高差不得大于 30m;航摄比例尺小于 1:5000 时,或采用无人机航摄时,同一航线上相邻像片的航高差不得大于 30m,最大、最小航高差不得大于 50m;摄影分区内的实际航高与设计航高之差不得大于 50m,且不得大于设计航高的 5%。

3. 像点位移

当像片倾斜或地形起伏时,地面点在航摄像片上的构像相对于理想情况下的构像所产生的位置差异称像点位移,如图 4-5 所示。

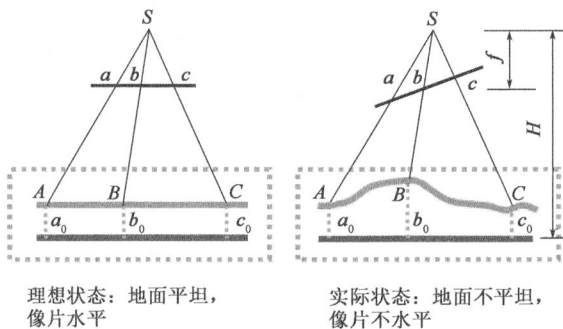

理想状态:地面平坦,像片水平　　　实际状态:地面不平坦,像片不水平

图 4-5　像点位移

像片倾斜和地形起伏两种影响带来的误差,致使影像发生几何变形,在像片上反映为影像比例尺有不同的变化,相关方位也发生变化。若利用航摄像片制作正射影像图时,必须消除倾斜误差和投影误差,统一像片上各处比例尺,使中心投影的航摄像片转化为正射投影的影像,如图 4-6 所示。表 4-1 所示为航摄像片与地形图的区别。

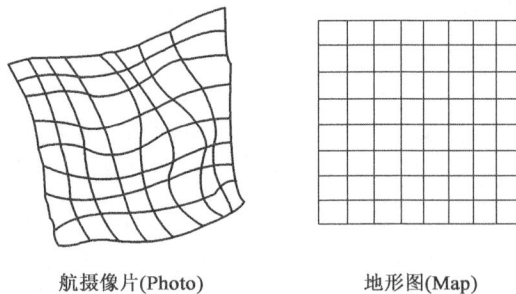

航摄像片(Photo)　　　地形图(Map)

图 4-6　像片与地图

航摄像片与地形图的区别　　　　　　　　　　表 4-1

投影方式不同	地形图为正射投影,航摄像片为中心投影
航片存在两项误差	像片倾斜和地形起伏均引起像点位移
比例尺的不同	地形图有统一比例尺,航摄像片无统一比例尺

续上表

表示方法不同	地形图为线划图,航片为影像图
表示内容不同	地图需要综合取舍
几何上的不同	航片可组成像对立体观察

三、航摄重叠度

为了使相邻像片的地物能互相衔接以及满足立体观察的需要,相邻像片间需要有一定的重叠。像片重叠分为航向重叠和旁向重叠,同一条航线内相邻像片之间的重叠称为航向重叠,如图4-7所示;相邻航线之间的重叠称为旁向重叠,如图4-8所示。重叠大小用像片的重叠部分与像片对应方向边长的比值来表示,称为重叠度。

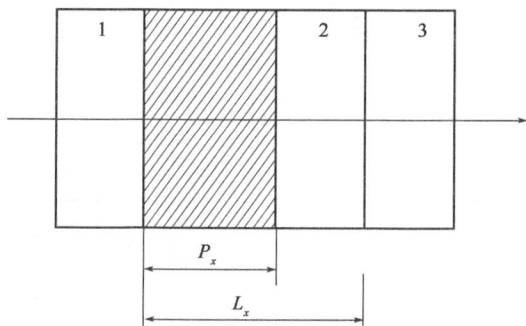

图4-7　航向重叠度

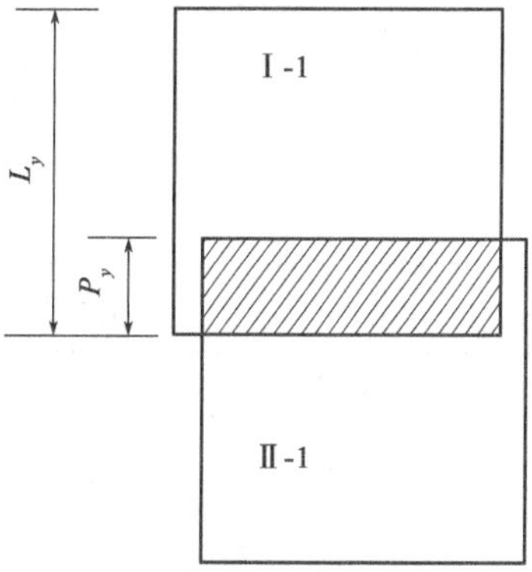

图4-8　旁向重叠度

航向重叠度一般应为60%~65%;特殊情况下,最大不得大于75%,最小不得小于56%。旁向重叠度一般应为30%~35%。

平均航向重叠度的计算方式如下。

$$P_x = \frac{l_x}{L_x} \times 100\% \qquad (4-2)$$

在航高保持不变的情况下,重叠度大小与地形高低有关,在地形最高点上重叠度最小,分辨率最高;在地形最低点上,重叠度最大,分辨率最低。地面起伏时,航向重叠度可按下式计算

$$P = P_x + (1 - P_x)\frac{\Delta h}{H_{相对}} \qquad (4-3)$$

Δh 为基准面高程与当前点高程之差。旁向重叠度计算方法相同,通常在地形最高点上重叠度最小,故需要计算最高点上的重叠度。

传统航空摄影测量作业使用的一般为大型飞机,飞行姿态稳定。通常要求航向应达到最低56%~65%的重叠度,以确保各种不同的地面间至少有50%的重叠。旁向重叠一般应为30%~35%,地面起伏大时,设计重叠度还要进一步增大,才能保证满足影像立体量测与拼接的需要。

四、像片分辨率

数字影像分辨率,通常指地面分辨率,以一个像素所代表地面的大小来表示,即以地面距离表示相邻像元中心的距离,即地面采样间隔(GSD),地面分辨率并不代表能分辨的地物最小尺寸,只代表每个像元对应地面的大小。

影像分辨率一般为影像上以行列式表示的像元个数,代表能从影像上识别地面物体的最小尺寸。数字航空摄影中,GSD 表示影像分辨率,是反映影像对地物识别能力和成图精度的重要指标。数字影像成图比例尺和数码相机像素地面分辨率的关系如表 4-2 所示;内业成图比例尺与航摄比例尺的关系如表 4-3 所示。

数字影像成图比例尺和地面分辨率关系　　　　　　　表 4-2

成图比例尺	地面分辨率(m)	成图比例尺	地面分辨率(m)
1:500	优于0.1	1:1万	优于1.0
1:1000	优于0.1	1:2.5万	优于2.5
1:2000	优于0.2	1:5万	优于5.0
1:5000	优于0.5		

成图比例尺与航摄比例尺以及 GSD 的关系　　　　　　表 4-3

成图比例尺	航摄比例尺	GSD(mm)
1:500	1:2000~1:3500	40~70
1:1000	1:3500~1:7000	70~140
1:2000	1:7000~1:1.4万	140~280
1:5000	1:1万~1:2万	200~400
1:1万	1:2万~1:4万	400~800
1:2.5万	1:2.5万~1:6万	500~1200
1:5万	1:3.5万~1:8万	700~1600
1:10万	1:6万~1:10万	1200~2000

实际飞行时,摄影分区内的实际航高与设计航高之差不得大于 50m,当设计航高大于 1000m 时,二者之差不得大于设计航高的 5%,且分区内地形高差≤1/4 相对航高;航摄比例尺 ≥1:7000 时,地形高差≤1/6 相对航高。

数字正射影像图的地面分辨率在一般情况下应不大于 0.0001 M 图(M 图为成图比例尺的分母)。以卫星影像为数据源制作的卫星数字正射影像图的地面分辨率可采用原始卫星影像的分辨率。

五、航空摄影坐标系

摄影测量解析的任务就是根据像片上像点的位置确定对应地面点的空间位置,因此需要选择适当的坐标系来描述像点和地面点,并通过一系列的坐标变换,建立二者之间的数学关系,从而由像点观测值求出对应物点的测量坐标。摄影测量中常用坐标系分为两大类:一类是用于描述像点位置的像方空间坐标系;另一类是用于描述地面点位置的物方空间坐标系。

1.像方坐标系

像方坐标系包括像平面坐标系、像空间坐标系与像空间辅助坐标系。

(1)像平面坐标系:像平面坐标系表示像点在像平面内的平面直角坐标系,是直接由航空摄影得到的原始数据坐标系。像平面直角坐标系是以像主点为原点的右手平面坐标系,用 O-xy 表示。实际应用中,常采用以框标连线交点为原点的右手平面坐标系 P-xy,称为框标平面坐标系,如图 4-9 所示。但解析计算中,须将像框标坐标系原点 P 平移至像主点 O。

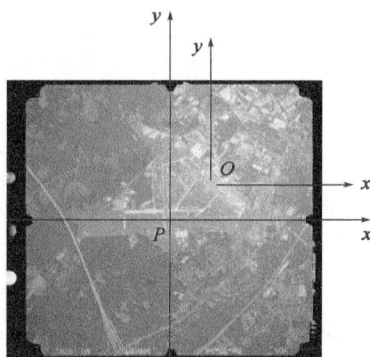

(2)像空间坐标系:像空间坐标系是描述像点在像空间位置的坐标系。其以摄影中心 S 为原点,x、y 轴与像平面坐标系的 x、y 轴平行,Z 轴与主光轴重合,形成像空间右手坐标系 S-xyz,如图 4-10 所示,每个像点的 Z 坐标都等于 $-f$(f 表示主距),而 x、y 坐标就是像点在像平面坐标 x,y。像空间直角坐标系是随着每张航摄像片摄影瞬间的空间方位而定的。所以,不同航摄像片的像空间直角坐标系是各自独立的。

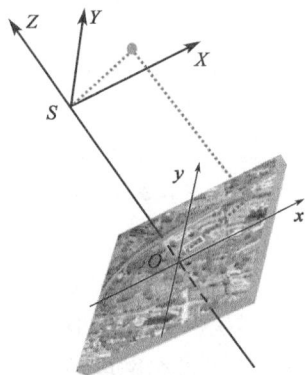

图 4-9　像平面坐标系

(3)像空间辅助坐标系:由于各像片的像空间坐标系不统一,计算困难,为此,需要建立一种相对统一的坐标系,称为像空间辅助坐标系。它是像空间和物空间过渡性的右手坐标系,用 S-uvw 表示,其坐标原点任取摄影中心 S,坐标轴依情况而定,如图 4-11 所示。

图 4-10　像空间坐标系

图 4-11　像空间辅助坐标系

像空间辅助坐标系(S-uvw)通常有三种选取方法。

①取 u、v、w 轴系分别平行于地面摄影测量坐标系 D-XYZ。

②以每条航带第一条像片的像空间坐标系作为像空间辅助坐标系。

③以每个像对的左片摄影中心为坐标原点,摄影基线方向为 u 轴,以摄影基线及左片主光轴构成的平面作为 uw 平面,过原点且垂直于 uw 平面的轴为 v 轴构成右手直角坐标系。

2.物方坐标系

物方坐标系包含地面摄影测量辅助坐标系、地面摄影测量坐标系、地面测量坐标系三种。

(1)地面摄影测量辅助坐标系:是由像空间辅助坐标系转化而来的物方过渡性辅助坐标系,摄影测量成果都在这个坐标系中表示。由于摄影测量坐标系是右手系,而地面测量坐标系

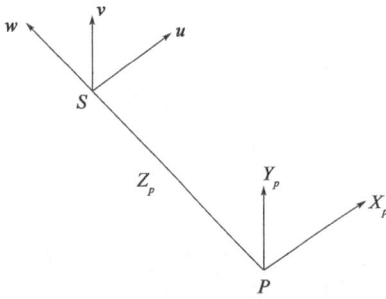

图 4-12　地面摄影测量坐标系

是左手系,需要在两种坐标系之间建立一个过渡性坐标系,因此地面摄影测量辅助坐标系应运而生。

(2)地面摄影测量坐标系:地面摄影测量坐标系是以航线方向为 x 轴,竖直向上为 z 轴,与 y 轴形成右手系。该坐标系为摄影测量专用,属于运算坐标系,是通过将第一个像对的像空间辅助坐标系 $S\text{-}UVW$ 沿着 W 轴反方向平移至地面点 P 得到的坐标系,如图 4-12 所示。它是航带网中一种统一的坐标系。

(3)地面测量坐标系:地面测量坐标系即高斯平面坐标系,与高程系统一起形成左手系,是最终与大地测量相统一的成果坐标系。地面测量坐标系是空间大地基准下的高斯-克吕格 3°带或 6°带(或任意带)投影的平面直角坐标系(如 1980 西安坐标系和 1954 北京坐标系)与定义的从某一基准面量起的高程系(1956 年黄海高程和 1985 国家基准高程),两者组合而成的空间左手直角坐标系。

3. WGS84 坐标系

WGS-84 坐标系(World Geodetic System-1984 Coordinate System)是一种国际上采用的地心坐标系统,全称为 1984 年世界大地坐标系统,如图 4-13 所示。其坐标原点为地球质心,其地心空间直角坐标系的 Z 轴指向 BIH(国际时间服务机构)1984.0 定义的协议地球极(CTP)方向,X 轴指向 BIH 1984.0 的零子午面和 CTP 赤道的交点,Y 轴与 Z 轴、X 轴垂直构成右手坐标系。

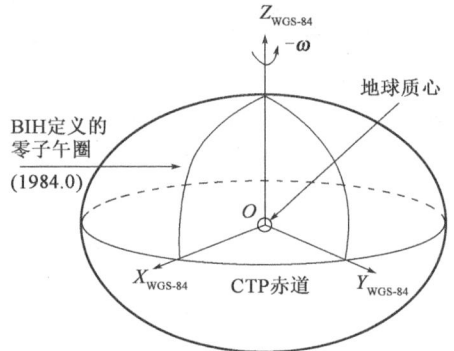

图 4-13　WGS-84 坐标系示例

4. CGCS2000 坐标系

2000 中国大地坐标系(China Geodetic Coordinate System 2000,CGCS2000)是我国当前使用的国家大地坐标系,自 2008 年 7 月 1 日起全面启用。2000 国家大地坐标系是通过中国 GNSS 连续运行基准站、空间大地控制网以及天文大地网与空间地网联合平差建立的地心大地坐标系统,它以 ITRF97 参考框架为基准,参考框架历元为 2000.0。

CGCS2000 坐标系是以地球质量中心为原点的地心大地坐标系,地心大地坐标系可以满足大地测量、地球物理、天文、导航和航天应用以及经济、社会发展的广泛需求,如图 4-14 所示。它的原点和轴定义如下:①原点:地球的质量中心;②Z 轴:由地球质心指向历元 2000.0 地球参考极方向;③X 轴:由原点指向格林尼治参考子午线与地球赤道(历元 2000.0)的交点;④Y 轴:Y 轴与 Z、X 轴构成右手坐标系。

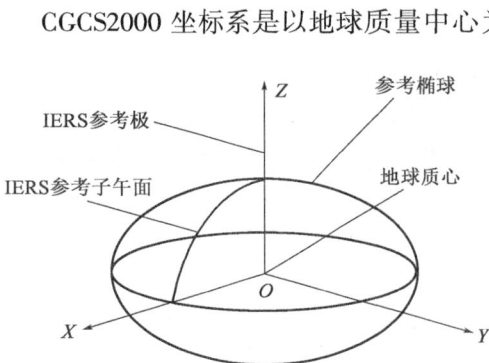

图 4-14　2000 坐标系定义示例

CGCS2000 参考椭球的定义常数是:长半轴 $a = 6378137\text{m}$;扁率 $f = 1/298.257222101$;地球的地

心引力常数(包含大气层)$GM = 3.986004418 \times 10^{14} \mathrm{m}^3/\mathrm{s}^2$;地球角速度$w = 7.292115 \times 10^{-5}\ \mathrm{rad/S}$。

5.1985 国家高程基准

高程基准是推算国家统一高程控制网中所有水准高程的起算依据,它包括一个水准基面和一个永久性水准原点,高程基准是统一计算地貌高程的起算面(点)。

我国于1956年规定以黄海(青岛)的多年平均海平面作为统一基面,即1956年黄海高程系统,它是我国的第一个国家高程系统。但由于计算这个基面所依据的青岛验潮站的资料系列(1950年~1956年)较短,以及不能考虑到章动的影响等原因,测绘主管部门决定重新计算黄海平均海面,以青岛验潮站1952年~1979年的潮汐观测资料为计算依据,从而确定了"1985国家高程基准",无人机航测高程一般采用1985国家高程基准。

我国的水准原点位于青岛观象山,如图4-15所示,在"1985国家高程基准"中水准原点的高程为72.2604m。这是根据青岛验潮站1985年以前的潮汐资料推求的以平均海面为零点的起算高程,是国家高程控制的起算点。

摄影测量数据处理实质是航摄坐标系转换的过程,即把拍摄得到的像方坐标转换到物方地面坐标系中。具体过程为把拍摄到的影像通过相对定向建立像方模型,然后通过绝对定向归化到地面坐标系中。

为了由像点解求物点,必须确定摄影瞬间摄

图4-15　水准原点所在位置

影中心、像片与地面三者之间的相关位置。确定它们之间位置关系的参数称为像片的方位元素。像片方位元素又分为内方位元素和外方位元素。其中,确定摄影中心与像片之间相关位置的参数,称为内方位元素,其包括3个参数,即像主点在像片框标坐标系中的坐标(x_0, y_0)及摄影中心到像片的垂距f(主距),内方位元素值一般视为已知,它可通过对摄影仪鉴定得到;确定摄影中心和像片在地面坐标系中的位置与姿态的参数,称为外方位元素,一张像片的外方位元素包括六个参数:三个线元素(X, Y, Z)和三个角元素(φ, w, x)。线元素是用来描述摄影瞬间,摄影中心S在所选定的地面空间坐标系中的坐标值;角元素是用来描述摄影瞬间,摄影像片在所选定的地面空间坐标系中的空间姿态,即摄影仪曝光瞬间像片在所选定的地面空间坐标系中的航向倾角、旁向倾角、像片倾角。外方位元素可以利用地面控制信息通过平差计算得到,例如采用空间距离交会法、空中三角测量等,也可利用航空定位定向系统(POS)直接测量得到。

六、空中三角测量

空中三角测量是利用航摄像片与所摄目标之间的空间几何关系,根据少量控制点,计算待求点的平面位置、高程和像片外方位元素,建立航空摄影区域网的测量方法。空中三角测量可为影像纠正、DEM建立和立体采集提供定向成果,其主要的输出成果是像片加密点坐标及像片的外方位元素。

在测绘工作中,航空摄影测量分为外业工作和内业工作。外业工作包括航空摄影、像控点测量、地物信息补绘等;内业工作包括影像定向、DEM 生成、正射影像制作、线划图绘制等。影像定向就是要获取影像的位置和姿态,即外方位元素。影像本质是空间的一个平面,影像定向就是要求解出这个平面的位置。通常 3 个空间点可以确定一个空间平面,因此每张影像的定向至少需要 3 个控制点。如果一次飞行拍摄了 1000 张影像,则需要 3000 个控制点,这样外业工作量很大,不能体现出摄影测量的作用,因此需要想办法减少外业控制点。可以通过先把1000 张影像拼起来,使之成为一个整体,再通过 3 个控制点确定这个整体的位置,空中三角测量就是用这个原理来减少控制点的。在进行空中三角测量作业时,先将所有影像进行相对定向,形成自由网,然后再用一些地面控制点进行绝对定向,即可最终求解出每张影像的位置和姿态。

在空中三角测量过程中需要加入一些连接点,连接点的作用是将影像相互拼接起来,当空中三角测量完成后,这些连接点的地面坐标得到求解,成为已知影像位置和坐标的点,在后续的生产中可以作为控制点。这些通过空中三角测量处理生成的控制点称为加密点,不需要外业测量即可求解出来,能节省大量的外业控制点求解工作量,对摄影测量作业有非常重要的意义。

空中三角测量是用摄影测量解析法确定区域内所有影像的外方位元素及待定点的地面坐标。它利用少量控制点的像方和物方坐标,解求出未知点的坐标,使得区域网中每个模型的已知点都增加到 4 个以上,然后利用这些已知点解求所有影像的外方位元素。这个过程包含已知点由少到多的过程,所以空中三角测量又称为空三加密。

根据平差处理中采用的数学模型不同,空中三角测量可以分为航带法、独立模型法和光束法。

(1)航带法空中三角测量首先把许多立体像对所构成的单个模型连接成一条航带,然后以一个航带模型为单元进行解析和平差处理,绝对定向后还需对模型做非线性改正,使自由网归算到地面坐标系;这一方法的主要理论基础为:一条航带内,首先用立体像对按照连续法相对定向建立单个模型,再把单个模型连接成航带模型,构成航带自由网,然后把航带模型视为一个整体,进行航带网的绝对定向。由于用单个模型构成航带模型的过程中,不可避免地有误差存在,同时在模型连接过程中还要受到误差累积的影响,航带模型会产生非线性变形,如图 4-16 所示。所以航带模型经绝对定向后,还要进行航带模型的非线性改正,非线性改正是用一个多项式曲面拟合航带网复杂的变形曲面,使该曲面经过航带网已知点时,所求得坐标变形值与它们实际的变形值相等或使其残差的平方和为最小,从而最终求出加密点的地面坐标。

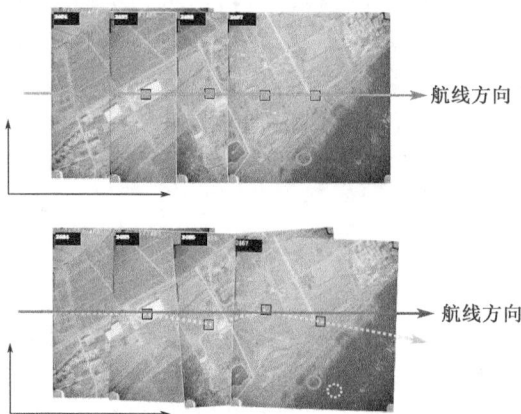

图 4-16　航带模型的非线性改正

(2)独立模型法空中三角测量是以单航带作为基础,由几条航带构成一个区域整体平差,解求各航带的非线性变形改正系数,进而求得整个测区内全部待定点的坐标。平差步骤如下。

①按单航带法分别建立航带模型,求得各航带模型点在本航带对应的像空间辅助坐标系中的坐标值。

②对航带模型进行绝对定向:从第一条航带开始,利用本航带带内已知控制点和下一航带的公共点进行绝对定向,求出模型点在全区域内统一的地面摄影测量坐标系中的概略坐标。

③根据各航带的重心及重心化坐标,解算各航带的非线性变形改正系数。

④利用模型中控制点的加密坐标与野外实测坐标应相等;航带间公共连接点坐标应相等;为条件列误差方程式,解算各航带的非线性变形改正系数。

⑤计算加密点坐标(地摄坐标)。

(3)光束法空中三角测量是以一幅影像所组成的一束光线作为基本单元,以共线方程作为平差的基础方程,通过各光束在空间的旋转和平移,使模型之间公共点的光线实现最佳交会,并将整个区域纳入已知控制点地面坐标系中,从而确定每张像片的外方位元素及所有待定点的地面坐标,如图 4-17 所示。

光束法的基本实施流程如下。

①获取像片内方位元素、像点坐标和地面控制点坐标。

②确定像片外方位元素和加密点地面坐标近似值。

③按共线条件逐点建立误差方程式。

④逐点法化建立改化法方程式,求出其中的一类未知数(每张像片的外方位元素)。

⑤按空间前方交会求待定点的地面坐标,对于相邻像片的公共点,应取其平均值作为最后结果。

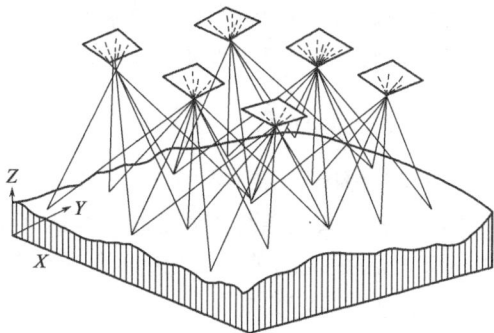

图 4-17 光束法空中三角测量

光束法空中三角测量是最严密的一种平差方法,能最方便地处理影像系统误差的影响,便于引入非摄影需量附加观测值,还可严密地处理非常规摄影以及非量测相机的影像数据。光束法平差是目前空中三角测量最广泛使用的方法,表 4-4 所示为三种平差方法的比较。

三种平差方法比较 表4-4

比较项	航带法	独立模型法	光束法
平差单元	航带	单元模型	单张像片(光束)
观测值	各点概略地摄坐标	模型坐标	像点坐标
未知数	各航带非线性变形改正系数	各模型空间相似变换参数及加密点坐标	各像片外方位元素及加密点坐标
平差数学模型	多项式	空间相似变换公式	共线方程
原理	近似	严密	最严密
精度	低	高	最高
应用	小比例尺低精度加密	测图加密	低级大地测量三角网及高精度数字地籍测量测量地界点

传统空中三角测量是基于航带进行的,但是无人机飞行时易受气流影响,发生航线漂移,导致影像旋转角及航线弯曲度大,影像航向、旁向重叠度不规则,导致无法按传统航空摄影测量分出航带。通常,无人机飞行时都需要 GNSS 信号指导飞行,因此无人机获取的影像一般都有 GNSS 数据甚至是 POS 数据。

GNSS 辅助空中三角测量是利用安装于飞机上与航摄仪相连接的 GNSS 设备获得航摄仪曝光时刻摄站的三维坐标,然后将其视为附加观测值引入摄影测量区域网平差中,以取代地面控制点,而后采用统一的数学模型和算法来整体确定目标点位和像片方位元素,并对其质量进行评定的理论、技术和方法。

POS(Position and Orientation System)是指机载定位定向系统,是基于全球定位系统(GNSS)和惯性测量装置(IMU)的可直接测定影像外方位元素(GNSS 测量得到位置参数,惯性导航系统得到姿态参数)。POS 辅助空中三角测量,可得到每张像片的外方位元素,实现无地面控制点的航空摄影测量或与地面控制点共同参与空中三角测量的航空摄影测量方法。POS 辅助航空摄影测量能够极大减少甚至完全免除常规空中三角测量所必须的地面控制点,以节省野外控制测量工作量,缩短航测成图周期,降低生产成本,提高生产效率。

七、共线方程

在理想情况下,摄影瞬间像点、投影中心、物点位于同一条直线上,描述这三点共线的数学表达式称之为共线条件方程,如图 4-18 所示。共线方程是中心投影的构像方程,是摄影测量中最基本、最重要的关系式,是单像空间后方交会、多像空间前方交会、光束法平差、数字投影等工作的基本方程。

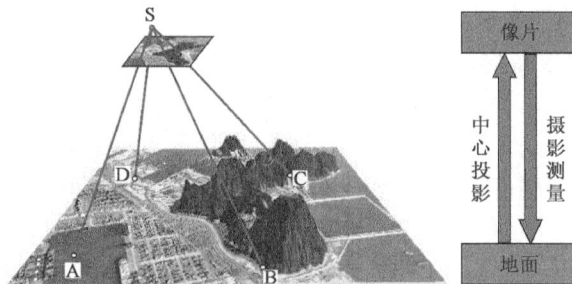

图 4-18　共线条件

共线方程包含了 1 个摄影仪主距、2 个像平面坐标元素(x,y)、3 个地面坐标元素(X_A, Y_A, Z_A),以及 6 个外方位元素X_S、Y_S、Z_S、φ、ω、κ,一共 12 个元素。共线方程见式(4-4)。

$$\left.\begin{array}{l} x = -f\dfrac{a_1(X_A - X_S) + b_1(Y_A - Y_S) + c_1(Z_A - Z_S)}{a_3(X_A - X_S) + b_3(Y_A - Y_S) + c_3(Z_A - Z_S)} \\[4mm] y = -f\dfrac{a_2(X_A - X_S) + b_2(Y_A - Y_S) + c_2(Z_A - Z_S)}{a_3(X_A - X_S) + b_3(Y_A - Y_S) + c_3(Z_A - Z_S)} \end{array}\right\} \tag{4-4}$$

式中,(x,y)是以像主点为原点的像点坐标;f 为像片主距;(X_A, Y_A, Z_A)对应地面点坐标;$a_i, b_i, c_i (i = 1, 2, 3)$是像片旋转矩阵的方向余弦。

单像空间后方交会是在检定内方位元素后,通过多个地面控制点和相应像点坐标求解外方位元素,确定摄影瞬间摄影中心和像片在地面坐标系中的位置与姿态。

多像空间前方交会是利用立体相对两张像片的内方位元素、外方位元素和同名点坐标解算影像上其他地面点的坐标,这是立体测绘数据采集的基础,最终输出像片加密点坐标。

光束法平差是在立体像对内同时求解两像片的外方位元素和地面点坐标,即将外方位元素和模型点坐标的计算放在一个整体内进行,因此俗称"一步定向法"。待定点的坐标完全按最小二乘法原理解算,其理论最严密、精度最高。

八、内定向、相对定向与绝对定向

(1)内定向:摄影测量中常采用以像主点为原点的像平面坐标来建立像点与地面点的坐标关系。内定向是将扫描坐标系归算到像平面坐标系,需要借助影像的框标来解决,量测影像上四个框标点的扫描坐标,根据航摄仪检定的框标理论坐标,经解析计算求得内定向参数。直接由数码航摄仪得到的影像则不存在内定向的问题。

(2)相对定向:不考虑外方位元素,只确定两张影像相对位置关系,建立任意比例尺和任意方位的相对立体像对模型的过程称为相对定向。相对定向不需要外业控制点,就能建立地面的立体模型,相对定向完成的唯一标准是所有同名点投影光线对对相交。用于描述两张像片相对位置和姿态关系的参数,称为相对定向元素,相对定向元素共有 5 个,包括 2 个线元素和 3 个角元素,通过自动量测 6 对以上同名点的像点坐标,即可解出 5 个相对定向元素。

(3)绝对定向:在相对定向的基础上,把建立的立体模型进行平移、旋转和缩放,归算到地面测量坐标系中的过程称为绝对定向。绝对定向元素有 3 个线元素、3 个角元素和 1 个缩放元素。绝对定向需要借助地面控制点来进行,至少需要 2 个平高点和 1 个高程点,列出 7 个方程求解 7 个变换参数。

九、GNSS 技术与无人机应用

全球导航卫星定位系统(Global Navigation Satellite System)是利用一组卫星的伪距、星历、卫星发射时间、用户钟差等观测量,在地球表面或近地空间的任何地点为用户提供全天候的三维坐标和速度以及时间信息的导航定位系统,包括全球的、区域的和增强的卫星导航定位系统,如美国的全球卫星导航系统(GPS)、俄罗斯的格洛纳斯卫星导航系统(Glonass)、欧洲的伽利略卫星导航系统(Galileo)、中国的北斗卫星导航系统(COMPASS)以及相关的增强系统。现代接收机可同时接收以上各个系统的信号,提升定位速度和精度。GNSS 定位方法灵活、方便、精度较高,目前应用非常广泛。随着科技的发展,GNSS 技术在普通测量与工程测量中得到了普及应用,近些年推出的实时动态定位技术(RTK),能够及时提供测点的三维坐标成果。

GNSS 在航摄中主要应用于航空摄影导航、辅助空中三角测量中的导航、定位定姿系统。GNSS 导航保证了像片具有一定的比例尺和重叠度,其中常用的是实时动态(RTK)技术和GNSS 动态处理后差分(PPK)技术。

RTK(Real-time kinematic 实时动态)技术是以载波相位观测量为根据的实时差分 GNSS 测量,它能够实时地提供测站点在指定坐标系中的厘米级精度的三维定位结果,广泛应用于测绘、无人机、自动驾驶等领域。RTK 测量系统通常由三部分组成,即 GNSS 信号接收部分(GNSS 接收机及天线)、实时数据传输部分(数据链,俗称电台)和实时数据处理部分(GNSS 控制器及其随机实时数据处理软件)。作业时,移动站可处于静止状态,也可处于运动状态;

需至少同步接收 4 颗以上卫星信号,且卫星具有较好的几何图形强度,移动站就可随时测出待测点的厘米级的三维坐标。

RTK 的软件系统具有能够实时解算流动站三维坐标的功能。RTK 测量技术除具有 GNSS 测量的优点外,同时具有观测时间短,能实现坐标实时解算的优点,可以提高生产效率。

PPK(Post-Processing Kinematic,GNSS 动态后处理差分)技术是一种高精度定位技术,结合全球导航卫星系统观测数据和后处理算法,适用于无人机、测绘等需要厘米级定位精度的场景。PPK 不依赖实时通信,仅记录原始观测数据,事后通过专业软件与基站数据进行联合解算,可于存在信号遮挡或通信不稳定的区域工作。PPK 的工作原理是利用一台进行同步观测的基准站接收机和至少一台流动接收机,对 GNSS 卫星进行同步观测;基准站保持连续观测,初始化后的流动站迁站至下一个待定点,在迁站过程中需要保持对卫星的连续跟踪,以便将整周模糊度传递至待定点。基准站和流动站同步接收的数据在计算机中进行线性组合,形成虚拟的载波相位观测量,确定接收机之间的相对位置,最后引入基准站的已知坐标,从而获得流动站的三维坐标。

RTK/PPK 测量技术在无人机航空摄影测量中的应用主要有以下几个方面。

(1)RTK 技术用于航摄飞机的实时导航;

(2)将由 PPK 确定的高精度摄站坐标作为辅助数据引入空中三角测量区域网平差中,以减少地面控制点,甚至消除地面控制点,而不损害区域网平差的精度;

(3)与惯性导航系统 INS 结合测定摄影机的姿态参数,使空中三角测量变得十分简单甚至可以完全取消;

(4)用于非摄影测量传感器的定位;

(5)使用 RTK 接收机测量地面像控点。

在一个区域中,如 GNSS 观测值中没有失锁、周跳等信号间断的情况,在无须考虑基准的情况下,GNSS 摄站坐标可完全取代地面控制点用于区域网平差。

为解决基准问题及有效改正由周跳、失锁等导致的 GNSS 系统误差,需加飞构架航线或加入少量地面控制点。表 4-5 为 RTK 技术与 PPK 技术的对比。

RTK 技术与 PPK 技术对比　　　　表 4-5

定位模式	初始化时间	电台	定位方式	作业半径	失锁情况
RTK	10s +0.5 ×基线长度	需要	实时定位	小于 10km	受干扰多,容易失锁
PPK	8min	不需要	事后差分	少于 50km	不易失锁

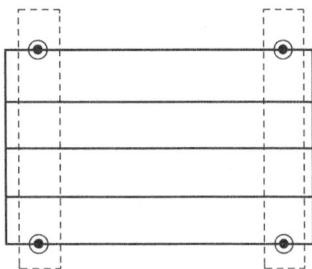

图 4-19　构架航线

构架航线又叫控制航线,在困难地区为了减少野外像控点的布设,可在与原航线垂直的方向上加飞航线,一般布设于航线两端,如图 4-19 所示。

位于摄区或分区周边的构架航线要保证像主点落在边界线上或之外,构架航线的摄影比例尺应比测图航线的摄影比例尺大 25% 左右,应有不小于 80% 的航向重叠。

单元2　无人机航测前沿技术

一、数字高程模型(DEM)

地图和基础地理信息数据日益数字化,现代数字地图主要由 DOM(数字正射影像图)、DEM(数字高程模型)、DRG(数字栅格地图)、DLG(数字线划图)以及复合模式组成,简称"4D"产品。

三维地形是通过大量地面点空间坐标和地形属性数据来描述的。数字地面模型 DTM (Digital Terrain Model)是地形表面形态等多种信息的一种数字表示,DTM 可表示为对地形、资源、土地利用、人口分布等多种信息的定量描述或定性描述。若只考虑 DTM 的地形分量,通常称其为数字高程模型 DEM(Digital Elevation Model)。

数字高程模型是在一定范围内通过规则格网点描述地面高程信息的数据集,即用行列号表示格网点坐标,用格网属性表示高程,格网大小决定地形表达的精度。数字高程模型是用三维数字化真实表达地表起伏,不同的采样间隔,表达地表形态的细腻程度和丰富程度不同,例如 1m、2m、10m、25m 等不同采样间隔的 DEM 数据,采样间隔即在实际连续的地球表面上每间隔 1m、2m,采集一个 DEM 点,从而用有限的离散点来模拟表达无限连续的地球表面形态。DEM 是多学科交叉与渗透的高科技产物,已在测绘、环保、农业、水文、国防等与地形分析有关的各个领域发挥着越来越大的作用。例如,在工程项目中计算挖填土石方量;识别潜在滑坡体,分析地形稳定性;为军事训练提供虚拟地形场景;道路设计的路线选择等。

DEM 有面、线、点三种结构,面状结构模型有规则结构、不规则结构,例如正方向格网、正六边形格网、不规则三角网等;线状结构模型有等高线结构、断面结构;点状结构模型有散点结构。这些不同数据结构的 DEM 表示方式在数据存储以及空间关系等方面各有优劣。规则格网和不规则三角网是应用最广泛的连续表面数字表示的数据结构。不规则三角网的优点是能较好地顾及地貌特征,表示复杂地形表面比矩形格网精确,其缺点是数据存储与操作较复杂。规则格网结构十分简单、数据存储量很小、各种分析与计算非常方便。

数字高程模型的数据由平面位置和高程数据两部分组成,获取数字高程模型的原始数据是整个过程的关键,获取点的三维坐标质量影响 DEM 生成的精度。

数字高程模型的数据源可采用数字摄影测量数据、机载激光雷达数据、地面三维激光扫描数据以及全野外实测数据等。

数字高程模型数据获取的主要方法如下。

1.摄影测量与遥感

摄影测量是广泛获取数据点最有效、最主要的手段,摄影影像由于其丰富的地表信息而成为高精度大范围构建 DEM 的最有价值的数据源。摄影测量数据是使用适当的摄影测量设备,在正确立体判读航摄像片、卫星影像的基础上,采用一定的摄影测量技术获取的数据。摄影测量与遥感方法是一种自动化程度较高的采样方法,该方法速度快,但容易产生误差,必须采用一定的自动误差检测或修正的方法来提高数据质量。数字摄影测量法目前是空间数据采集最有效的手段,它具有效率高、劳动强度小的特点。

2.现有地图数字化

地形图是 DEM 的另一主要数据源,已有地形图数字化采集是信息丰富而廉价高效的方法。所使用的数字化器包括三种类型:手扶跟踪数字化器、扫描数字化器和半自动跟踪数字化器等。对既有地形图数字化采集存在两种问题,一是地形数据的时效性问题,即其数据信息落后于实际的变化,特别是在经济发达地区;二是数据的质量,尤其是数学精度方面的指标,也就是精度问题,它跟比例尺有关,比例尺越小,地形的综合程度越高,因而近似性就越大。

3.野外数据采集法

利用全站仪、GNSS 等测量仪器配合计算机,测量目标点的三维坐标,在实地采集可以获得高精度的坐标数据,常用于有限范围内的大比例尺高精度的建模,在土木工程中的道路、桥梁、隧道和房屋建设等方面得到广泛应用。但此方法工作量大、效率低且费用高、周期长,不适合于大范围的数据采集。

4.空间传感器采集法

利用空间传感器采集法是利用 GNSS、雷达和激光测高仪等进行数据采集。机载激光扫描是目前常用的采集数据方法。其原理是将激光脉冲测距仪安置在飞行器上,通过记录激光脉冲从发射到经地面目标物反射后的时间延迟,然后再乘以光速,从而精确测定发射点到地面反射点激光脚点的斜距。同时惯性测量系统测定飞行器在空间的姿态参数,提供飞行器精确的位置信息。在后处理过程中,联合确定的姿态信息,测定的飞机航迹信息及激光脉冲测定的倾斜距离可求出每个激光脚点精确的三维空间直角坐标。通过扫描可以得到一定带宽的大量地面的三维坐标,且激光扫描不需要反光镜,可实行无地面控制点的高精度对地直接定位测量。

二、数字正射影像图(DOM)

数字正射影像图(DOM)是将地表航空航天影像经垂直投影而生成的影像数据集,参照地形图要求进行裁切整饰的数字影像产品,它具有像片的影像特征和地图的几何精度。

数字正射影像图可通过无人机获取目标区域影像进而获取目标区域的整张正射影像,在进行航空摄影时,由于无法保证摄影瞬间航摄像机的绝对水平,得到的影像是一个倾斜投影的像片,像片上各位置的比例尺不一致;由于地面会有起伏,导致每一点的航高不同,从而引起像点位移,产生投影差。要使影像具有地图的特性,需要对影像进行倾斜纠正和投影差的改正,经改正后消除各种变形后得到的平行光投影的影像就是数字正射影像。

数字正射影像有如下特点:

(1)数字化数据。用户可按需要对比例尺进行任意调整、输出,也可对分辨率及数据量进行调整,DOM 直接为城市规划、土地管理等用图部门以及 GIS 用户服务,同时便于数据传输、共享、制版印刷。

(2)信息丰富。数字正射影像信息量大、色彩准确、地物直观、层次丰富、易于判读。应用于国土与城市规划、农业与林业、基础设施建设等方面时,可直接从图上了解或量测所需数据和资料,从而减少现场踏勘、测量的时间,提高工作效率。

（3）专业信息。数字正射影像同时还具有遥感专业信息,通过计算机图像处理可进行各种专业信息的提取、统计与分析。如绿地的调查,水体及环境污染的调查,道路、建筑面积统计等。

正射影像制作最根本的理论基础就是共线条件方程。共线条件方程建立了物方点和像方点的数学关系,根据这个关系式,任意物方点都可以在影像上找到像方点,正射影像的采集过程基本上就是获取物方点的像方点过程。

正射影像制作过程是一个微分纠正的过程。微分纠正是利用光学方法纠正图像。例如在模拟摄影测量中应用纠正仪将航摄像片纠正为像片平面图,在解析摄影测量中利用正射投影仪制作正射影像图。随着许多新的传感器的出现,产生了不同于经典的框幅式航摄像片的影像,使得经典的光学纠正仪器难以适应这些影像的纠正任务,而且这些影像中有许多本身就是数字影像,不便使用这些光学纠正仪器。使用数字影像处理技术可以很好的解决上述问题,其不仅便于影像增强、反差调整等,还可以灵活地应用到影像的几何变换中,形成数字微分纠正技术。根据有关的参数与数字地面模型,利用相应的构像方程式,或按一定的数学模型用控制点解算,将中心投影的像片纠正为正射投影的像片。使得从建筑物顶视图看,只能看到屋顶的平面投影,消除了因中心投影带来的投影差,即因地物起伏引起的像点位移,如图 4-20 所示。

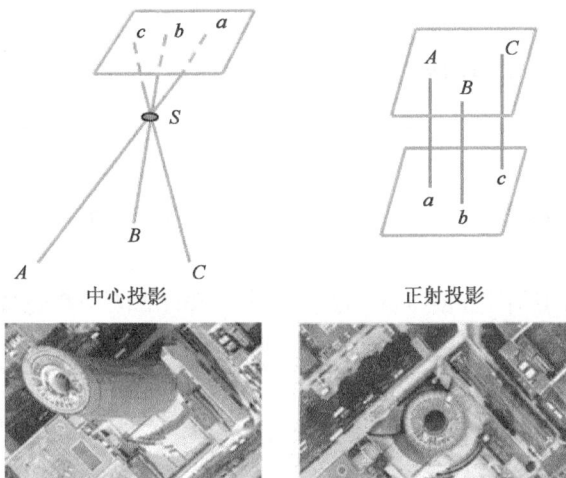

图 4-20　微分纠正

传统的数字正射影像生产过程包括航空摄影、外业控制点的测量、内业的空中三角测量加密、DEM 的生成和数字正射影像的生成及镶嵌。

数字正射影像制作步骤如下:

1. 资料准备

收集原始数字像片、控制点成果、解析空中三角测量成果、DEM 成果、技术设计书等。对源数据进行数据预处理,一般包括色彩调整、数据格式的变换以及坐标系统的转换等。

2. 定向建模与 DEM 采集

航空摄影通过空三加密测量定向,同时生产 DEM,用于 DOM 几何纠正的 DEM 要符合规范要求,若无符合精度要求的 DEM 时,可选用精度放宽 1 倍的 DEM 进行影像纠正。若有空三测量成果时,导入内外定向参数即可。

3. 影像纠正

正射纠正是基于共线方程,利用像片内外方位元素定向参数以及 DEM,对数字航空影像进行微分纠正重采样,并依次完成图幅范围内所有像片的正射纠正。

微分纠正时设置影像地面分辨率、成图比例尺,一般采用双线性插值或双三次卷积内插法作为影像重采样方法。

高山地、山地应根据影像控制点,应用严密物理模型或有理函数模型并通过 DEM 进行几何纠正,对影像重采样获取正射影像;丘陵地可根据情况利用低一等级的 DEM 进行正射纠正;平地可不利用 DEM,直接采用多项式拟合进行纠正。

4. 影像镶嵌

影像镶嵌是通过多幅影像的同名点自动匹配进行影像拼接。按图幅范围选取需要镶嵌的 DOM 影像,在相邻 DOM 影像间选绘、编辑镶嵌线,选绘镶嵌线时保证镶嵌的影像完整。按镶嵌线对所选单片正射影像进行裁切,完成单片正射影像之间的镶嵌工作。镶嵌线尽量避开大型建筑物,并注意色彩一致性。

5. 图幅裁切

按照内图廓线对镶嵌好的 DOM 进行裁切,所生成的 DOM 成果应附有相关坐标、分辨率等基本信息参数。

6. 质量检查与成果提交

质量检查包括影像质量、空间坐标系、精度、逻辑一致性和附件质量检查。

正射影像精度评定:

影响正射影像精度的原因有多方面,对于正射影像的成图检查也要从生产过程入手,检查各工序的作业程序是否符合国家、行业规范以及设计书的要求,各项精度指标是否达到要求,正射影像的生产是否有序进行等。

正射影像精度评定的方法主要如下:

1. 位置精度检查

(1)通过利用较大一级比例尺的线划图与 DOM 叠加,线划图上读取明显目标点与 DOM 上同名像点坐标进行比较。

(2)通过野外 GNSS 或全站仪采集明显地物点,与影像同名地物点相比较,以评定平面位置精度。

每幅图的检查点数量视地形情况而定,选取明显特征点,所选取的点位在图幅内尽量分布均匀,每幅图采集的点数原则上不少于 20 个点。

2. 接边检查

(1)精度检查:取相邻两数字正射影像图重叠区域处同名点作为检查点,分别读取同名点的坐标,作比较运算,计算各同名点的接边误差,计算中误差。

(2)接边处影像检查:通过目视检测法看相邻数字正射影像图幅接边处影像的亮度、反差、色彩是否基本一致。

3.影像质量检查

通过对正射影像图进行计算机目视检查,检查影像是否清晰、色调是否均匀、纹理是否清楚;彩色影像色彩是否鲜明、层次丰富;无明显镶嵌接缝及调整痕迹,无因影像缺损而造成无法判读影像的信息。

三、数字表面模型(DSM)

数字表面模型 DSM(Digital Surface Model)是指包含了地表建筑物、构筑物和树木等高度的地面高程模型。和 DEM 相比,DEM 只包含了地形的高程信息,并未包含其他地表信息。DSM 进一步包含了除地面以外的其他地表信息的高程。

DSM 最真实地表达地面的起伏情况,可广泛应用于各行各业。如在城市规划中用于确定新建筑的最佳位置,同时考虑到现有基础设施和其他环境特征;在电信行业中 DSM 用于识别最佳位置放置蜂窝塔和其他通信基础设施;在航空业中 DSM 用于创建精确的飞行计划,确保飞行员可以安全地避开障碍物;在森林监测中 DSM 用于监测森林生长情况,评估森林健康和生态变化;在军事应用中 DSM 为巡航导弹提供精准的地表高度信息,确保安全通过地形和障碍物。在导航系统中 DSM 在用于提供更准确的地形信息,特别是在复杂的城市环境中。

四、实景三维模型

将倾斜影像和照片定位参数进行匹配后,使用三维建模软件,通过空三解算、自动建模计算、纹理映射等处理步骤,就可以得到原始倾斜摄影实景三维模型。实景三维重建一直是计算机辅助几何设计、计算机图形学、计算机动画、人工智能、科学计算和虚拟现实、数字媒体创作、医学图像处理和地理信息系统等领域的研究热点。三维重建技术的发展,使以一定方式记录的三维信息经过整理,即可转化成计算机能识别的数据,并在计算机中进行处理,将三维物体数据结构中蕴含的几何信息恢复成图形、图像显示出来,由此可以方便、快速地对物体进行定量的分析、显示和处理等。近年来,随着相关技术的发展,三维模型的应用吸引了越来越多的目光,如数字场景漫游、工业制造、文化遗产保护、医学、城市规划、游戏、电影特效等,建模对象从小型的零件、商品,到人体、雕塑,再到大型的建筑、街道甚至城市,三维建模技术已逐步从科学研究发展进入到了人们日常生活中。

无人机平台可以获取关于目标场景大量的序列图像,通过序列图像的三维信息解析,可以获得准确的目标位置、形貌、三维结构等信息,对于现代战争以及遥感测绘都具有重要意义。

在军事方面,通过无人机机载序列图像三维重建技术,获取战场高精度的三维地形地貌是取得战争胜利的重要情报保障;根据三维重建实现目标识别与定位,实现对空间位置的控制。

在民用方面,通过无人机对地序列成像实现三维地形测绘在遥感技术中是非常重要的手段,也是非常重要的测绘新手段。无人机成像具有成本低、使用灵活、作业周期短等特点,基于序列图的三维重建技术通过对二维序列成像的分析,利用序列图像自身的内在约束,可以自动化实现场景目标的三维测量。这一技术在 CAD 逆向工程、现场测量、三维城市重建等方面具有十分重要和广阔的应用前景。

目前,无人机航测技术生产的实景三维模型还具有纹理信息丰富、分辨率较高、边缘精度较高、成本低等优势,广泛应用于各行业。

五、点云模型

无人机航测时的荷载如果是机载激光雷达,那么得到数据为点云数据,三维激光扫描仪获取的是以离散、不规则方式分布在三维空间中的点的集合。点云数据的空间排列形式根据测量传感器的类型分为:阵列点云、线扫描点云、面扫描点云以及完全散乱点云。大部分三维激光扫描系统完成数据采集是基于线扫描方式,采用逐行(或列)的扫描方式,获得的三维激光扫描点云数据具有一定的结构关系。

点云的主要特点如下:

(1)数据量大。三维激光扫描数据的点云量较大,一幅完整的扫描影像数据或一个站点的扫插数据中可以包含几百万至数亿个扫描点。

(2)密度高。扫描数据中点的平均间隔在测量时可通过仪器设置,一些仪器设置的间隔可达 1.0mm(拍照式三维扫描仪可以达到 0.05mm),为了便于建模,目标物的采样点通常都非常密。

(3)带有扫描物体光学特征信息。由于三维激光扫描系统可以接收反射光的强度,因此三维激光扫描的点云一般具有反射强度信息,即反射率。有些三维激光扫描系统还可以获得点的色彩信息。

(4)立体化。点云数据包含了物体表面每个采样点的三维空间坐标,记录的信息全面,因而可以测定目标物表面立体信息。由于激光的投射性有限,无法穿透被测目标,因此点云数据不能反映实体的内部结构、材质等情况。

(5)离散性。点与点之间相互独立,没有任何拓扑关系,不能表征目标体表面的连接关系。

(6)可量测性。地面三维激光扫描仪获取的点云数据可以直接量测每个点云的三维坐标、点云间距离、方位角、表面法向量等信息,还可以通过计算得到点云数据所表达的目标实体的表面积、体积等信息。

(7)非规则性。激光扫描仪是按照一定的方向和角度进行数据采集的,采集的点云数据随着距离的增大、扫描角越大,点云间距离也增大,加上仪器系统误差和各种偶然误差的影响,点云的空间分布没有一定的规则。

以上这些特点使得三维激光扫描数据得到十分广泛的应用,比如建筑三维建模、土石方计算、古建筑保护、灾害评估、BIM 等,同时也使得点云数据处理变得十分复杂和困难。

六、数字线划图(DLG)

无人机测绘的目标是通过无人机获取目标区域影像进而获取目标区域的三维地理信息模型,对于目标区域的地物如房屋、道路等设施,需要精确地测量其轮廓坐标。所有目标区域中的地物信息、地貌信息都采用矢量线进行描述,由这些矢量线组成的图,称为数字线划地图DLG(Digital Line Graphic)。它是一种地图全要素矢量数据集,且保存各要素间的空间关系和属性信息。

数字线划图(DLG)是以点、线、面或地图符号形式表达地形要素的地理信息矢量数据集。DLG 是矢量地图,相对影像图来说数据量小,便于分层,可随机地进行数据选取和显示,与其他信息叠加,可进行空间分析、决策。数字线划地图是一种更为方便的放大、漫游、查询、检查、量测、叠加的地图。其中部分地形核心要素可作为数字正射影像地形图中的线划地形要素。注意 DLG 指国家基础地理信息产品中的矢量地形图,按照国家规定的标准以固定的比例尺规格制作,并非所有的数字地形图都称为 DLG。

数字线划地图的地理要素、分幅、投影、坐标系统与同比例尺地形图一致。数字线划地图的生产主要采用外业数据采集、航片、地形图、三维模型等。它的生产过程就是地理要素的采集过程,通常称为三维立体测图或数字化测图。目前中国的地形要素主要分为八大类:1. 测量控制点、2. 水系、3. 居民地及设施、4. 交通、5. 管线、6. 境界、7. 地貌、8. 植被与土质。

DLG 制作流程如下:

1. 资料准备

准备控制点数据、航摄像片、地形图、技术设计书等资料。

2. 数据采集与属性录入

依据设计和规范要求进行 DLG 数据采集和属性录入。数据采集方法有航空摄影法、全野外测图法、地形图矢量化等方法。

3. 编辑与接边

数据录入后需要依据影像数据、外业调绘与补测成果、境界数据以及地名等资料,对图形和属性数据进行编辑处理,使多边形闭合、属性逻辑正确一致,每个要素对应一个代码设为一个图层,并以图幅为单元存放一个文件。

地物平面位置和等高线接边较差一般不大于平面、高程中误差的 2 倍,最大不得大于 2.5 倍。图幅间的接边既要保证线状要素正确、连接准确,又要保证要素属性接边准确性。

4. 图幅整饰和裁切

按照规范要求进行图幅整饰和裁切。

5. 质量检查和成果提交

DLG 质量检查包括几何精度检查和属性质量检查,可通过参考数据比对、实地检查、室内检查等方法检查,同时注意逻辑一致性检查和完整性检查。

成果整理内容包括 DLG 矢量数据文件、元数据文件和图例簿、结合表、质量检查验收报告、技术总结等。

DLG 的地理要素、数学要素、辅助要素、精度要求等和基本比例尺地形图一致,一幅图宜用一种等高距,可以图内线性地物为界采用两种等高距,但不宜多于两种,图形输出格式为矢量格式,属性精度要符合要求,分类代码、数据分层及其名称、属性表结构、属性项的内容名称及值域等相关定义应符合要求。

七、**数字栅格地图**(DRG)

数字栅格地图是根据现有纸质、胶片等地形图经扫描和几何纠正及色彩校正后,形成在内容、几何精度和色彩上与地形图保持一致的栅格数据集。

DRG 制作流程：

1. 图形扫描

用单色或彩色扫描仪扫描,生成栅格地图。

2. 图幅定向

将栅格图幅由扫描仪坐标变换为高斯投影平面直角坐标。

3. 几何校正

消除图纸几何变形和扫描产生的几何畸变,几何校正通常使用双线性坐标变换公式。

4. 色彩纠正

用图像软件进行栅格编辑,对单色图按要素进行人工设色,对彩色图做色彩校正。

5. 最终产品

最终产品为无损压缩后的 TIFF 格式文件。

复习思考

1. 像片方位元素的组成有哪些? 分别包含哪些参数?
2. 共线方程是描述哪些点的数学表达式? 它具有哪些实际用途?
3. 相对定向作用是什么? 包含哪些元素? 绝对定向作用是什么? 包含哪些元素?

拓展任务

请自行查阅相关资料,了解更多关于无人机航测基础与 4D 产品的相关知识。

模块五　航空摄影测量外业数据获取

📖 学习情境描述

本情境主要讲解航空摄影测量外业数据的获取,对外业数据处理流程中各环节进行了详细的讲解,并结合虚拟仿真系统展示各环节的具体操作。期望通过该模块的学习,能够使学习者熟练掌握航空摄影测量外业数据的获取方法,从而为后续的内业数据处理工作提供合格的外业数据资料。

✍ 学习目标

1. 掌握航空摄影测量外业数据获取流程。
2. 熟知现场踏勘、设备准备相关工作的具体内容。
3. 掌握控制点布测要点和方法。
4. 掌握无人机航飞相关操作。
5. 熟知数据整理和质量检查相关内容。
6. 掌握无人机虚拟仿真飞行软件与相关操作。

单元 1　外业数据获取流程

无人机航测外业数据获取流程如图 5-1 所示。

一、现场踏勘

为确保无人机航测外业数据采集任务能安全有序进行,在进行数据采集前需对任务所在区域进行现场踏勘。现场踏勘的包括以下内容。

1. 环境与空域评估

(1)飞行环境综合评估

天气条件:确认测区无强风、雨雪、雷电等恶劣天气,晴朗无云的天气可减少影像畸变。

地形地貌:分析测区海拔高度、地形起伏、地面反光强度(如沙漠、盐滩等区域需避开正午强光时段)。

电磁干扰:识别测区内的高压线、雷达站等干扰源,避开 GPS/遥控信号弱区。

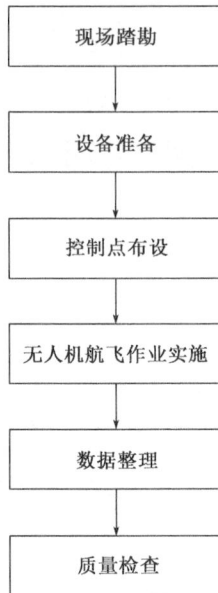

图 5-1　无人机航测外业数据获取流程

禁飞区域:通过地图软件或当地管理部门确认测区是否涉及机场、军事区等禁飞区域。

(2)空域申请与合规性核查

大城市、机场周边或高海拔地区需提前向空管部门申请临时空域,获取飞行许可。核查当地无人机飞行法规,确保作业符合安全高度(如一般要求飞行高度高于测区最高点 100m 以上)。

2.现场勘查与规划

(1)起降点选址

选择地势平坦、视野开阔、远离障碍物的区域,避开高压线、树木及人群密集区。测量起降点坐标并记录,确保与设计航线匹配。

(2)拍摄点位布设

根据任务需求(如正射影像、三维建模)确定关键拍摄区域,规划航线覆盖所有目标点。避开陡坡、阴影密集区(如山区正午时段)及地面反光过强的区域。

(3)地形特征记录

绘制简易测区草图,标注道路、水系、植被等要素分布,记录高程、相对高差等关键参数。拍摄现场远景、近景照片,留存地貌特征及作业环境影像资料。

二、设备准备

为保证航测外业作业正常进行,航测前需对航测作业使用的各种仪器设备进行检查校正准备,主要包含飞行平台准备、航摄像机准备、设备检校准备、电池充电准备等等。

1.飞行平台准备

为保障航测作业精度与飞行安全,在飞行平台准备时,需确定满足以下技术条件:

（1）无人机选型与适配性

根据任务类型选择合适的无人机平台。若任务为测绘或建模时，建议选择高精度定位无人机（搭载 RTK/PPK 模块），如 DJI Matrice 350 RTK、SenseFly eBee X。若进行大面积巡检，则优先选择长续航固定翼无人机，如 WingtraOne，续航时长可达 60～90min。若进行小范围精细化作业，建议选择多旋翼无人机，如 DJI Mavic 3E，灵活便携。

（2）载荷能力验证

确认无人机最大负载大于含云台、相机、滤镜等在内的航摄设备总重。检查挂载接口兼容性，如云台快拆结构、供电接口的匹配等。

（3）螺旋桨检查

确保螺旋桨桨叶无裂纹、变形，桨叶安装方向正确。对电机进行转动测试，确保无异响、无卡顿、散热正常。并准备足够的备用螺旋桨，通常备用螺旋桨数量应大于等于无人机桨叶总数，如四旋翼无人机应准备 8 片备用桨叶。

（4）导航与通信系统

启用多频 GNSS 提升抗干扰能力，检查基站信号或网络 RTK 服务连通性，如千寻位置。进行遥控器信号测试，确保空旷环境下有效距离大于任务要求。将图传信道手动切换至低干扰频段，如 5.8GHz 抗干扰强于 2.4GHz。根据测区地形情况设定安全返航高度，确保返航高度高于区域内最高障碍物 20m 以上。建议设置的低电量自动返航阈值不低于 25% 电量。

（5）飞行参数设置

使用配套的专业软件预设航线。根据相机焦距与地面分辨率（GSD）反算进行航高设置，如 24mm 镜头，GSD 2cm 需设置飞行高度 120m；根据具体任务进行航线参数设置，通常要求航向重叠率 $\geq$ 70%，旁向重叠率 $\geq$ 60%（三维建模需 $\geq$ 80%）；根据快门速度调整飞行速度，如 1/1000s 快门对应 $\leq$ 10m/s 航速；开启全向避障，如 DJI M300 的六向避障，设置绕行/悬停策略。

（6）环境适应性准备

确认无人机最大抗风等级不小于当日风速，如 5 级风时，需无人机具有不小于 10m/s 的抗风能力。强风天气适当增加航线冗余，如提高重叠率至 80%。

在低温环境（<0℃）作业时，电池预热至 15℃ 以上再起飞。在高湿环境作业时，在电机与电路板上喷涂防潮涂层。

远离高压线、信号塔等电磁干扰源，尽可能保持 200m 以上的安全距离，并使用抗磁干扰螺旋桨（如碳纤维材质）。

（7）应急程序

提前做好无人机失控、信号丢失等应急预案。如当无人机失控时，切换手动模式/触发自动返航。当信号丢失时，设置 30s 悬停等待时间过后自动返航。

2. 航摄像机准备

在无人机外业作业中，航摄像机的准备工作是确保数据采集质量和任务成功的关键环节。以下是详细的航摄像机准备流程及注意事项：

（1）航摄像机选择与参数设置

根据任务选择合适的航摄像机,如测绘或建模任务优先选择高分辨率全画幅相机(如Sony RX1R Ⅱ、Phase One)或专业倾斜相机(五镜头);如采用多光谱/热成像的农业监测和环境监测任务则需搭载多光谱相机或热红外相机;如视频拍摄任务则可选择支持4K/60帧/s以上、高动态范围(HDR)的摄像机。

在关键参数设置方面,根据地面分辨率(GSD)需求调整相机分辨率,确保满足项目精度(如1cm GSD需对应特定飞行高度)。当飞行速度较高时,快门速度设置为1/1000s以上,避免运动模糊,低速飞行时,快门速度可降至1/500s。感光度(ISO)设置白天为100~400之间,夜间或低光环境需权衡ISO(≤1600)与噪点。采用固定白平衡,避免自动模式导致色温不一致。使用Flat/Log模式保留更多动态范围,便于后期调色。根据航速设置拍摄间隔(例如2s/张),确保航向重叠率≥70%。

（2）存储与数据管理

存储卡选择上,容量应满足单次任务预估数据量(如1000张RAW格式照片约需128GB),速度上确保连拍不卡顿,使用双卡槽相机时设置自动备份(如主卡RAW+副卡JPEG),携带至少2张备用卡,避免存储故障导致任务中断。

（3）安装与校准

安装减震系统,确保飞行震动不影响成像。手动检查俯仰角限制,避免拍摄时云台碰撞无人机机身。使用专业镜头笔和清洁剂清除镜头上的灰尘和指纹。晴天使用中性灰度镜(ND滤镜)降低过曝风险。

3. 设备检校准备

开机后执行云台自动校准,确保水平姿态。

多光谱相机需校准反射率面板。

进行静态拍摄测试,检查对焦、曝光、色彩(使用灰卡校准)。

进行低空飞行(5~10m)测试,验证航向重叠率与拍摄角度。

实时查看首张照片的EXIF信息,确认GPS坐标、焦距参数正确。

检查是否存在镜头畸变,若广角镜头存在畸变需后期校正。

4. 电池充电准备

确保电池处于满电状态,备用电池数量按计划飞行架次的1.5倍准备,例如4架次任务需6块电池,对电池进行健康检查,确保其充电次数在厂商建议值范围内。

电池充电过程中注意以下事项:

检查电池外观无破损、鼓包、漏液,已经损坏或者有缺陷的电池勿继续充电。

选用电池所配的专用充电器充电,将充电器放置在耐热、不易燃及绝缘的表面,不要放置在车座、地毯等类似情景的地方,确保充电器远离灰尘、潮湿、雨、高温,避免阳光直射及强烈振动。

不要碰撞充电器,确保易燃、易爆炸物品远离充电器的操作区域。

如电源线损坏,停止使用并联系厂家技术人员更换,以免发生危险。

不要在无人照看的情况下使用充电器,如果有任何功能异常,立刻中断充电,并对照说明书中解决方案进行处置。

三、控制点布设

1. 像控点概念

地面控制点是表达是表达地理空间位置的信息数据,包含空间位置信息、点位局部影像、点位特征描述及说明、辅助信息等,在航空摄影测量中也称为像片控制点,简称像控点。

2. 像控点作用

航空摄影测量的目的是对目标区域进行测量,获取目标区域的地理信息,通常情况下需要像控点对拍摄的影像进行位置和姿态标定,这个过程称为绝对定向。

像控点作用主要有两个方面:一是作为定向点使用,用于求解像片成像时的位置和姿态;二是作为检查点使用,用于检查生产成果的精度,检查方式是在成果数据中找到检查点的影像位置(需要立体像对中的位置),测量其坐标然后与控制点坐标进行比对。

3. 像控点分类

像片控制点分为三类:

像片平面控制点,简称平面点,一般用 P 代表,只需联测平面坐标;

像片高程控制点,简称高程点,一般用 G 代表,只需联测高程;

像片平高控制点,简称平高点,一般用 N 代表,要求平面坐标和高程都应联测。

在同一幅图或同一区域内,像控点应该按照从左到右、从上到下的顺序统一安排,有次序地进行编号,以便查找和记忆。

4. 像控点的布设原则

像控点是摄影测量控制加密和测图的基础,野外像控点目标选择的好坏和指示点位的准确程度,直接影响成果的精度。换言之,像控点要能包围测区边缘以控制测区范围内的位置精度。一方面,纠正飞行器因定位受限或电磁干扰而产生的位置偏移、坐标精度过低等问题;另一方面,纠正飞行器因气压计产生的高层差值过大等其他因素。只有每个像控点都按照一定标准布设,才能使得内业更好地处理数据,使得三维模型达到一定精度。

5. 像控点布点原则如下

像控点一般按航线全区统一布点,可不受图幅单位的限制;

布在同一位置的平面点和高程点,应尽量联测成平高点;

相邻像对和相邻航线之间的像控点应尽量公用。当航线间片排列交错面不能公用时,必须分别布点。

位于自由图边或非连续作业的待测图边的像控点,一律布在图廓线外,确保成图满幅。

像控点尽可能在摄影前布设地面标志,以提高刺点精度,增强外业控制点的可取性。

点位必须选择在像片上的明显目标点,以便于正确地相互转刺和立体观察时辨认点位。

6. 像控点的布设位置要求

像控点在像片和航线上的位置,除各种布点方案的特殊要求外,布点位置应满足下列基本要求:

像控点一般应在航向三片重叠和旁向重叠中线附近,布点困难时可布在航向重叠范围内。在像片上应布在标准位置上,也就是布在通过像主点垂直于方位线的直线附近。

像控点距像片边缘的距离不得小于1cm,因为边缘部分影像质量较差,且像点受畸变差和大气折光差等所引起的移位较大;再则倾斜误差和投影误差使边缘部分影像变形过大,增加了判读和刺点的困难。

点位必须离开像片上的压平线和各类标志(框标、片号等),以利于明确辨认。为了不影响立体观察时的立体照准精度,规定离开距离不得小于1mm。

旁向重叠小于15%或由于其他原因,控制点在相邻两航线上不能公用而需分别布点时,两控制点之间裂开的垂直距离不得大于像片上2cm。

点位应尽量选在旁向重叠中线附近,离开方位线大于3cm时,应分别布点。

像片控制点一般选用像片上明显的地物点。大比例尺测图一般利用目标清晰、精度高的直角地物目标或点状地物目标作为像片控制点(图5-2),也可以在航摄前在地面上敷设人工标志,敷设的人工像控点,可以通过直角模具涂刷(图5-3)或标靶板的方式(图5-4)。像控点现场涂刷标识建议采用"L型",大小应大于50cm,并且棱角不虚边。采集"L型"像控点坐标时需要统一确定采集外角点或内角点。

图 5-2 标线像控点   图 5-3 L 型像控点   图 5-4 标靶板

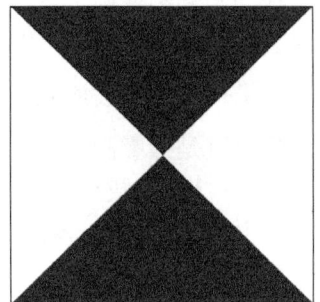

像控点编号字体高度应大于30cm,涂刷清晰。涂刷的像控点具有保存时间长、位置固定、可飞后再采集坐标,作业更灵活的优点,但也存在耗时较长,成本高等缺点。

7. 像控点测量

随着 GNSS 技术的进步,RTK 测量精度逐渐提高,RTK 测量技术不仅可以满足像控点的精度要求,而且可以大幅减少测量时间,显著优越于传统的像控点测量方法。使用 RTK 技术进行像控点的数据采集时,应采用对中杆或脚架对中整平的方式,选取的角点位置应拐角清晰,便于内业精准刺点(图5-5)。像控点采集精要求应满足 RTK 的位置精度强弱度(PDOP)值小于3,单次观测平面收敛精度应≤1.5cm;高程收敛精度应≤2.0cm。像控点采集次数设置平滑次数不低于 10 次。信号波动大的时候,需进行多次观测。

图 5-5 RTK 测量像控点

在像片控制点测量时,至少拍摄 2 张像片控制点的现场照片,分别为清晰地反映像片控制点与周边地物相对方位关系的整体照片和清晰地反映像片控制点实地准确位置的特写照片。并制作像控点的点之记文件(图 5-6)。

像片控制点点之记

测区	××省××县1:1000、1:2000、1:5000DLG、DOM数据制作		
点名	G1102141施测精度平面W0.05m,高程W0.05m		
坐标系	平面	1980西安坐标系,3°分带	
	高程	1985国家高程基准	
坐标	X(m)	Y(m)	Z(m)

点位略图：

点位图：

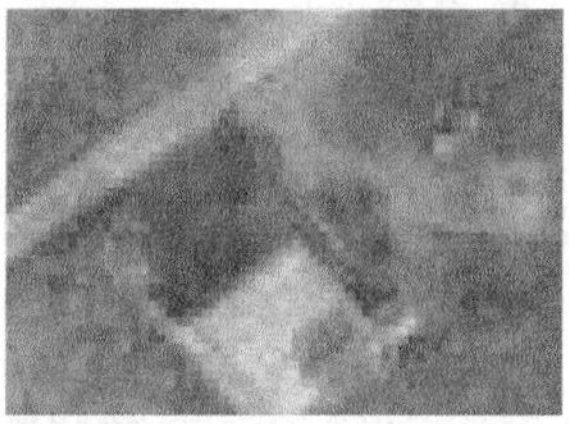

点位图：

点位说明：
点位刺在房顶东北内角,高程测至房顶,边缘高于房顶0.62m。
施测单位××
刺点者××检查者××时间××××.××.××
备注：1)点名采用：点别标识(1位)+航带号(2位)+像片号(2位)+控制点序号(3位)的方式命名。
2)点别标识：P为平高点,G为高程点,J为检查点。

图 5-6 像控点点之记

将像片控制点的最终成果数据进行整理,制作完成像片控制点成果表,如表 5-1 所示。

像片控制点成果表 表 5-1

点名	x	y	h	经度(B)	纬度(L)	H

注意:x,y 为 CGCS2000 平面投影坐标,h 为大地高,x,y,h 单位为米。B,L 为 CGCS2000 经纬度坐标,单位为度分秒,H 为大地高,单位为米

点之记、刺点片、像控点成果表均宜制作成电子数据。

四、无人机航飞作业实施

无人机航飞作业是指将航摄仪安置在飞机上,按照技术要求对地面进行摄影的过程。无人机航飞环节一般包括:差分模式设置、航线规划、安装无人机、连接地面站、起飞前检查、任务飞行、降落。

1. 差分模式设置

飞机高精度 pos 信息获取有两种方式:动态后处理差分技术(PPK)、实时动态差分技术(RTK)。

(1)PPK 后处理差分作业模式操作步骤如下:

①架设 GNSS 接收机,并对中整平。

②采集基站坐标,量取仪器高。

③更改基站作业模式为静态模式。

④航测任务结束后下载静态数据文件。

(2)RTK 实时动态差分模式操作步骤如下:

遥控器连接飞机 WIFI,选择连接对应的无人机网络,打开浏览器,输入无人机后台网址 IP 信息,输入 CORS 账号对应的参数等信息,完成连接,检查登录状态和解算状态,确保登陆成功和获得固定解。

2. 航线规划

航线规划是无人机摄影测量的核心环节,直接影响数据质量和作业效率。航线规划是依据地形和执行任务环境情况,并结合无人机的性能等情况,规划出来一条或多条自出发点到目标点最优或次优航迹,保证无人机完成飞行任务,安全返航。

航线规划一般是飞行前预规划,即根据既定任务,结合环境限制与飞行约束条件,从整体上制定最优参考路径。若飞行过程中遇到的突发状况,如地形、气象变化、未知限飞等因素则需对航线进行重规划,局部动态地调整飞行路径或改变动作任务。

航线规划的内容包括设置出发地点、途经地点、目的地点的位置关系信息、飞行高度和速度与需要达到的时间段。在进行航线任务规划时要重点考虑以下 4 个重要影响因素:

①飞行环境限制

禁飞区、障碍物、险恶地形等复杂地理环境会严重影响无人机任务的执行,因此在航线规划时,可通过将这些区域在地图上标志为禁飞区域,使航线避开这些区域,提升无人的工作效率。

飞行区域的气象条件也是影响任务效率的因素之一,航线规划时应充分考虑大风、雨雪等复杂气象下的气象预测与应对机制。

②无人机的物理限制

在航线规划时应充分考虑无人机的最小转弯半径、最大俯仰角、最小航迹段长度、最低安全飞行高度等物理限制对飞行航迹的限制。具体如下:

a.最小转弯半径:由于无人机飞行转弯形成的弧度将受到自身飞行性能限制,它限制无人机只能在特定的转弯半径内转弯。

b.最大俯仰角:限制了航迹在垂直半径范围内转弯。

c.最小航迹段长度:无人机飞行航迹由若干个航点与相邻航点之间的航迹段组成,在航迹段飞行途中沿直线飞行,而达到某些航点时有可能根据任务的要求而改变飞行姿态。最小航迹段长度是指限制无人机在开始改变飞行姿态前必须直飞的最短距离。

d.最低安全飞行高度:限制通过任务区域的最低飞行高度,防止飞行高度过低而撞击地面,导致坠毁。

③航迹距离和目标进入方向限制

航迹距离结束,限制航迹长度不大于预先设定的最大距离。固定的目标进入方向,确保无人机从特定角度接近目标。

④实时性要求

由于航测任务存在不确定性,无人机常常需要临时改变飞行任务,或者在航测过程中环境因素发生改变,都可能导致预先做好的航线规划需要及时进行调整,在环境变化区域不大的情况下,可通过局部更新的方法进行航迹的在线重规划,而当环境变化区域较大时,无人机任务规划则必须具备在线重规划功能。

3.安装无人机

根据所选择的无人机设备的说明书按顺序完成无人机各部件的组装、调试和检查工作。确保电量充足、螺旋桨螺丝无松动、螺旋桨不卡、电机座无松动、电机转动顺畅、网络天线安装到位、天线安装到位、指示灯正常、挂载正常拍照、内存卡空间足够。

4.连接地面站

打开无人机飞行器,等待飞行器完成校准准备工作;
打开遥控器,完成地面站连接工作。

5.起飞前检查

检查确认飞行参数设置及航线规划任务,确保任务航线、降落航线和返航高度、坡度位置安全,确保航线内无超高建筑物,确保航线任务正确。

6. 任务飞行

起飞前,再次核实起飞行器周围无影响起飞的其他因素,即可选择规划的航线执行飞行任务。在飞行过程中,飞手应当实时查看地面站中的各项参数,确保无人机正常运行。若出现数传、遥控、图传信号不好或丢失,以及其他错误或警告异常信息时,依照应急预案及时处置。

7. 降落

无人机在执行完航线任务后,会自动返航并降落至起飞点。在无人机降落的过程中,由于GPS误差可能会出现位置偏差,此时可使用遥控器进行微调,在使用遥控器微调前,请务必先确认清楚无人机机头位置,否则容易出现打错方向的情况。若无人机降落场地不平,无人机无法自动上锁,请执行手动降落程序。在无人机刚接触地面瞬间,油门收至最低,同时模式切为"手动",保持不动,直至无人机螺旋桨停转,务必在无人机发出"滴"上锁音,地面站提示未解锁后,方可接近无人机,进行下一步工作。

五、数据整理

数据整理是摄影测量内业生产前期的重要环节,航测外业飞行任务完成后,应及时进行数据整理,整理的数据包括像控点文件、照片文件、飞机 POS 文件、基站存储文件(若架设有基站)。整理数据时,从 GPS 接收机中复制出像控点文件和基站存储文件,从飞机存储卡中复制出照片文件和 POS 文件,复制整理完成后应再次查看各类文件个数是否齐全,尤其时照片数量和 POS 文件数量是否匹配,确保数据无遗漏。

六、质量检查

无人机航摄成果质量好坏直接决定了后期成果的质量。在无人机飞行过程中,因受高空中阵风的影响,无人机容易偏离航线,从而影响影像的质量。为了确保测绘产品精度,防止漏拍、偏移等问题的出现,有问题时能及时补救,在无人机数据采集完成后,需将整理好的数字航空摄影成果进行质量检查,检查内容包括:航空摄影成果的飞行质量、影像质量、数据质量及附件质量。

(1)飞行质量检查主要包括重叠度、像片倾角与旋偏角、航高保持、航线弯曲、航摄漏洞、摄区覆盖等的检查,通常采用航飞质检软件进行检查。

(2)影像质量检查主要是对影像最大位移、清晰度、反差等的检查,一般采用目视法详细查看每张影像是否清晰、曝光是否过度或不足、云雾及大面积反光对地表要素的影响程度等情况;采用图像处理软件查看相邻影像是否存在像点位移,采用快拼软件检查影响整体的色调及航向、旁向影像的色调柔和度及色彩反差等情况。

(3)数据质量检查主要是对数据的完整性与数据组织的正确性的检查。

(4)附件检查主要是对提交资料的完整性和正确性的检查。

飞行质量与影像质量检查占整个航摄质量检查工作的主体,其中影像质量可通过统计分析来进行质量评定,但是影像质量与地物目标有很强的相关性,统计信息不能真实地反映影像质量特性,因此影像质量检查中人工目视检查必不可少,其中重叠度、像片倾角与旋偏角是飞行质量检查中工作量最大的检查内容。

对航摄产品实行一级检查一级验收制。检查及验收工作必须单独进行,不得省略或相互代替。检查由航摄生产单位的质量管理机构负责实施。检查人员要重视过程质量的监督,及时发现问题,及时处理。

检查、验收工作以相关标准和合同要求为依据。对检查、验收原始记录的要求:

(1)原始记录是检查、验收过程的如实记载,不允许更改和增删;

(2)原始记录内容应填写完整,应有检验人员签名;

(3)原始记录在检查、验收报告发出的同时,随资料存档,保存期一般不少于5年。

单元2　虚拟仿真飞行获取外业数据

虚拟仿真航测是一种通过计算机技术和虚拟现实技术创造出虚拟现实环境,让学员在虚拟环境中模拟真实的飞行,进行测量、航拍、数据分析处理和制图的方法。

虚拟仿真航测利用计算机软件创建一个精确的环境,可以完全模拟真实的飞行环境,包括飞机、地物、地貌、天气以及其他相关设施。虚拟仿真航测不仅可以大大减少测量错误和偏差,提高测量的准确性,还可以节省时间和资源,在实际测量过程中避免繁琐和费时的工作。此外,虚拟仿真航测在教学中具有多种优势:

安全性:在虚拟环境中进行飞行训练,可以模拟在实际环境中遇到的各种状况,避免真实环境安全事故的发生。

灵活性:学习者仅需配备一台电脑和相关软件,灵活的利用时间、地点进行训练。

成本效益:相对与实物训练,虚拟仿真所需设备成本更低,学习者也可以无限次利用软件练习。

实时反馈:虚拟仿真技术可以实时提供训练数据,学习者可以根据数据及时纠偏,提高学习效率。

虚拟仿真航测的应用领域非常广泛。它可以通过使用较精确的测量数据和三维建模技术,模拟真实世界的地理环境和对象,用于城市规划、土地管理、环境保护、建筑设计、工程建设、交互式地图、智能导航系统等各个领域,并与人工智能、大数据等技术结合,在更多的领域发挥巨大的作用。

一、无人机真机与软件结合的虚拟仿真外业数据获取

测绘类无人机的主要品牌有大疆、飞马、中海达、华测、南方、智航等等。这些品牌都提供了适用于测绘作业的无人机产品,具有各自的特点和优势。用户根据不同的作业需求,选择的机型有所不同,但航测操作流程基本类似。本节以飞马无人机与其地面平台软件为例,介绍仿真飞行的外业数据获取流程。

1.新建工程

安装飞马无人机管家后,选择智航线模块,新建工程(图5-7),输入任务时间地点与工程项目名称。

创建完新项目后,点击新项目即可进入到主界面(图5-8)。

图 5-7　新建工程

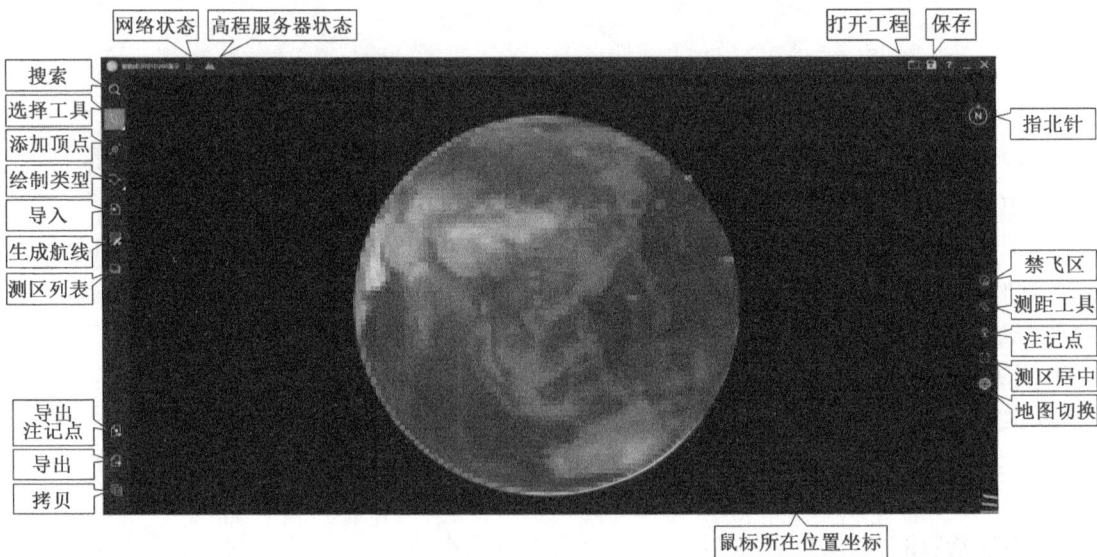

图 5-8　主界面

进入工程后,找到工程项目测区具体位置,可以直接放大地图寻找;或利用搜索工具,通过输入经纬度、省市名称或地理位置准确名称进行搜索(图 5-9),还可以采取直接导入 KML 文件的方法(图 5-10)。

图 5-9　搜索测区位置图

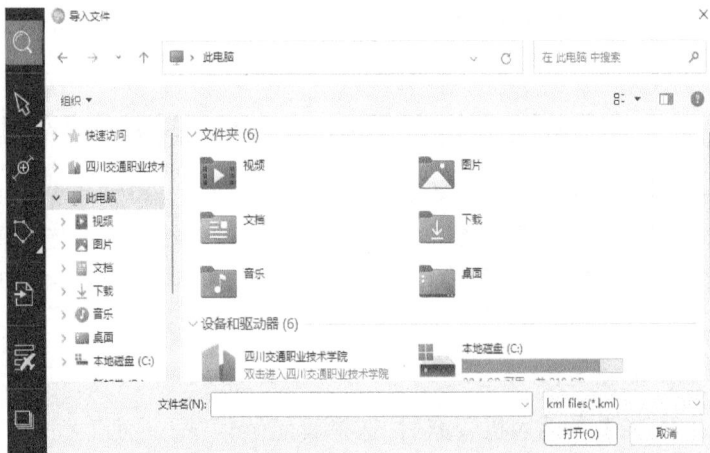

图 5-10　导入 KML

找到测区后,打开右侧的禁飞区显示,检查当前工程区域是否满足飞行许可要求,在禁飞区内不能规划航线。

2. 新建测区

找到测区位置后,绘制航飞区域,根据工程项目任务情况,点击 ![按钮] 按钮进行创建。可选择多边形(图5-11)、矩形或者条带(图5-12)的方式,在地图上点击航点即可依次划定航飞区域,双击最后一个点,完成区域设置。

图5-11 多边形航飞区域

图5-12 条带状航飞区域

如需修改航点,可以选中航点后,直接拖拽其位置。

双击测区,可以修改测区名称并查询测区面积。

双击航点,可以查询航点经纬度或对其进行删除。

如需增加航点,可以使用添加顶点的工具 ![工具] 。

如需移动或删除整个测区,可以选中测区后,选择 ![按钮] 或 ![按钮] 按钮,对其执行相应移动或删除操作。

3. 生成航线

测区保存后,选中要生成航线的测区。在联网状态下,点击 ![按钮] 按钮,选择对应的机型与相机,生成航线(图5-13)。

航线参数中,依次设置相机型号、正射或倾斜摄影、比例尺、地面分辨率 GSD、航向重叠度、旁向重叠度、飞行速度、飞行高度、测区平均海拔高(可以根据下面的最低和最高海拔进行调整)、航线角度、测区最高建筑物高度。

地形高差较大的区域,如山区或复杂地形区域,可勾选变高航线选项,使无人机根据地形变化自动调整飞行高度,保持地面分辨率一致,从而提高拍摄质量和建模效果。

设置好航线参数后,点击空白区域,等待生成航线,点击右上角 ![按钮] 按钮,保存工程。

图 5-13　航线设置与生成

4. 虚拟仿真飞行

保存完生成了航线的测区后,退出智航线模块,安装无人机电池、相机,打开无人机电源,检查电池电量是否充足。连接电台、硬件加密锁,进入智飞行模块,选择对应的工程项目(图 5-14),进行虚拟仿真飞行前的检查与准备工作。起飞前检查是每次飞行前的必须环节,不可忽略或随意检查,如有失误,将可能导致外业数据采集不完整,情况严重甚至可能引发飞行事故。

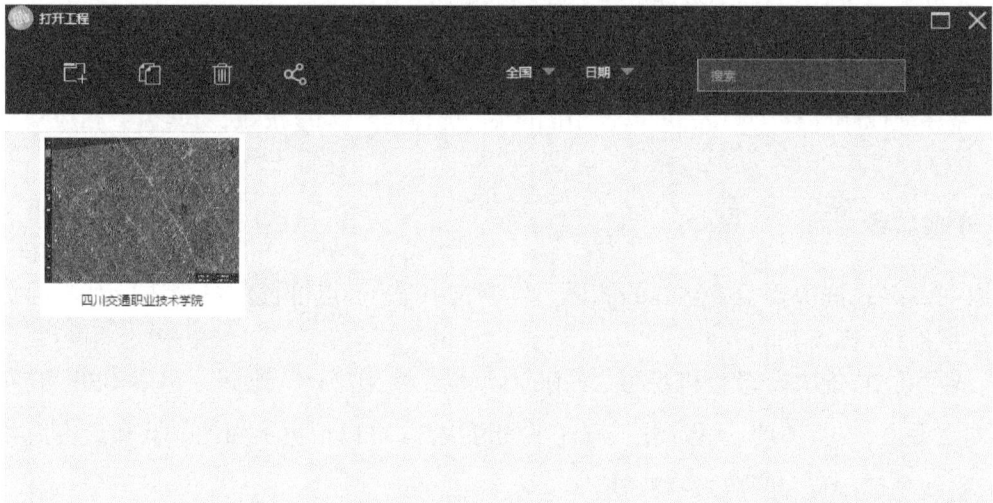

图 5-14　选择工程

无人机连接后,进入仿真飞行与虚拟载荷模式,并在测区内选择一个点,作为起飞点(图 5-15)。

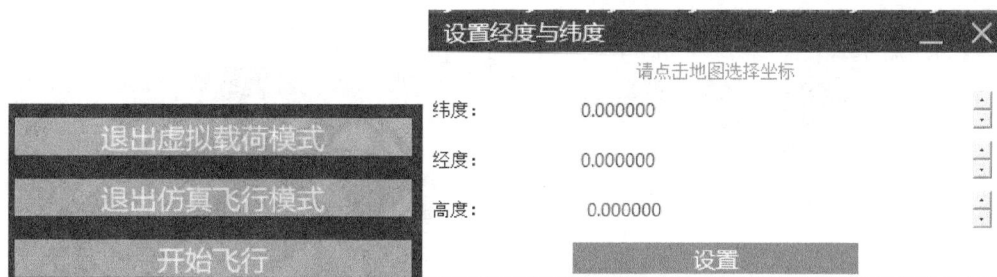

图 5-15　设置起飞点

为保证安全性,无人机虚拟仿真飞行可不安装桨叶。点击开始飞行,检查机身与载荷情况(图 5-16)。

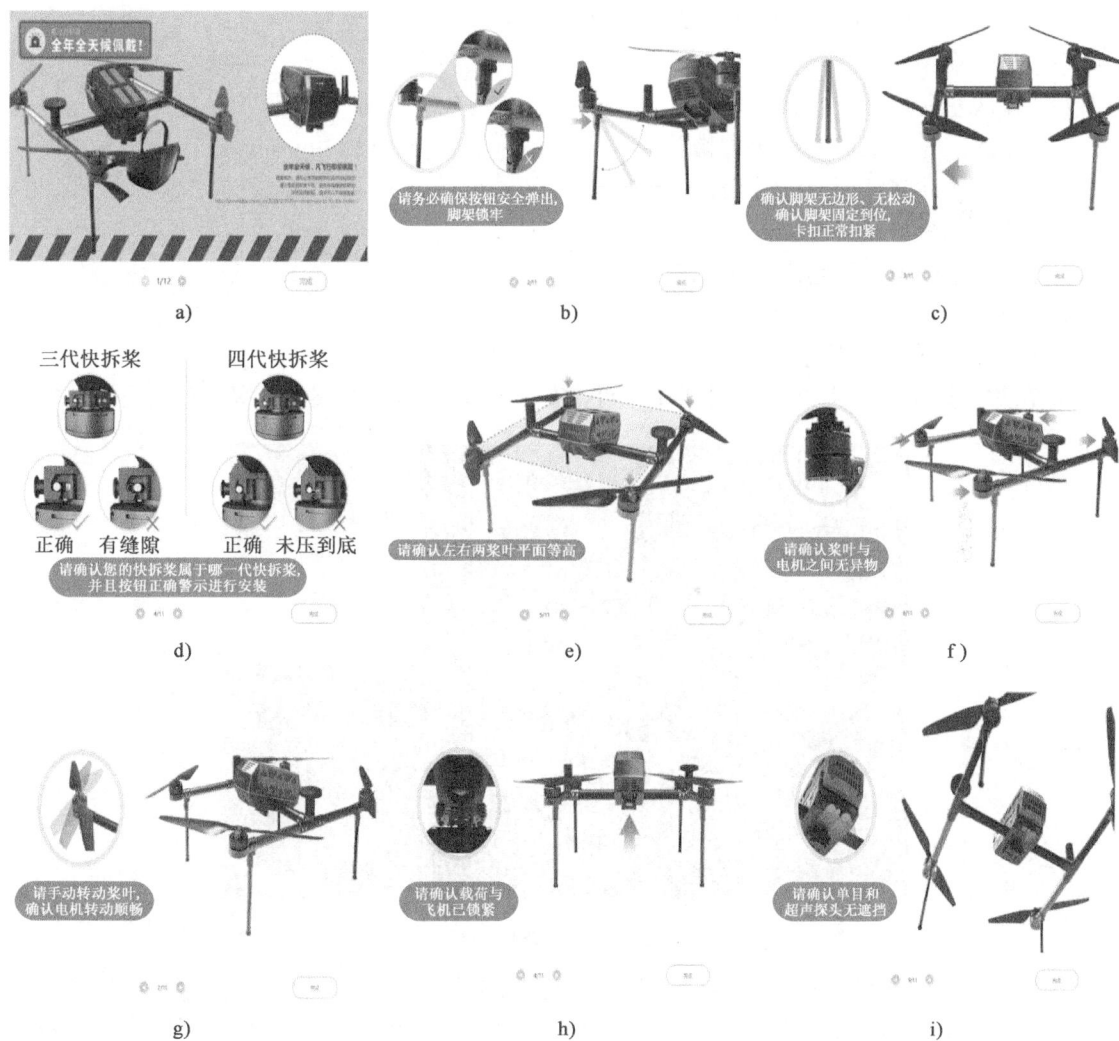

图　5-16

请确认智能电池卡扣已卡紧

请确认载荷模块与图中所示一致

载荷型号 D-CAM3000

j)   k)

图5-16　为确保飞行安全进行的检查过程

（1）电池防护罩是否佩戴；

（2）脚架按钮是否弹出并锁牢；

（3）脚架无变形、松动且固定到位,卡扣正常扣紧；

（4）确认桨叶安装到位；

（5）确认左右桨叶等高；

（6）确认桨叶与电机之间无异物；

（7）手动转动桨叶,确认电机转动正常；

（8）确认载荷与飞机已锁紧；

（9）确认载荷镜头和超声探头无遮挡；

（10）确认电池卡扣已卡紧；

（11）确认载荷模块安装无误。

完成飞行安全检查后,在测区内选择开阔与安全的场所,设置为飞机的降落位置（图5-17）。

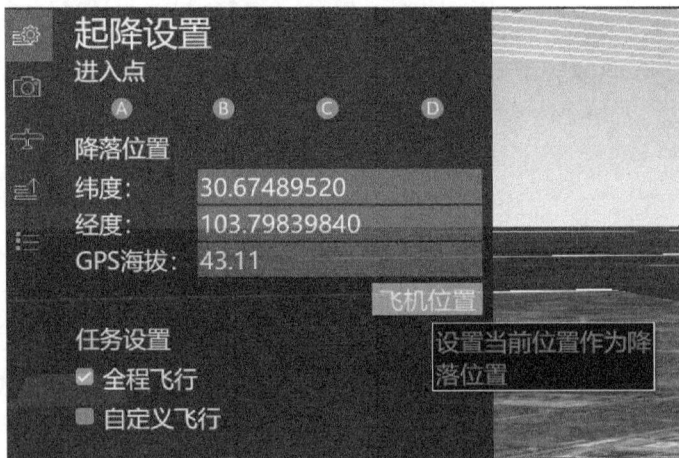

图5-17　设置降落位置

相机作为无人机的载荷,需要试拍来进行载荷检查（图5-18）。由此来核实相机镜头盖是否取下,以及相机工作状态是否正常。相机试拍结束后,进入飞机自检环节（图5-19）。随后勾选自定义飞行后,上传飞行任务（图5-20）。

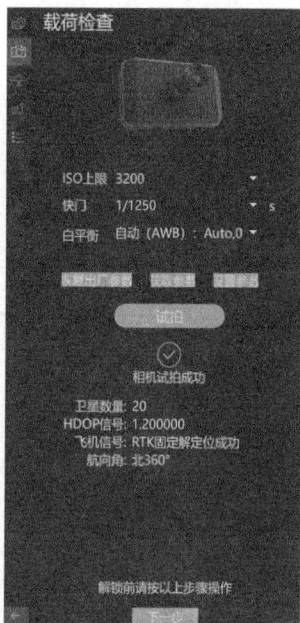

图 5-18　载荷检查　　　　图 5-19　飞机自检　　　　图 5-20　上传任务

如测区内有高于 120m 的区域,系统会提醒飞行高度的设置是否安全。如未连接 RTK,无人机实际降落位置与之前设置的位置会存在米级的偏差(图 5-21),因此需要在降落前仔细观察降落场地条件,保证降落安全。

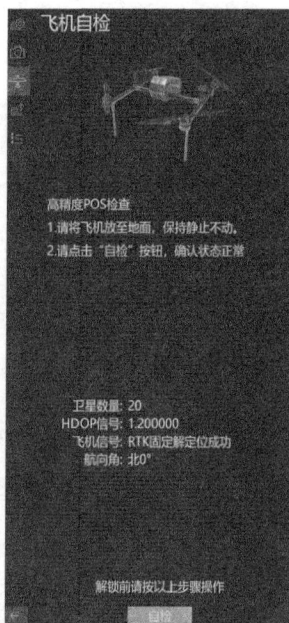

图 5-21　飞行安全提示

准备工作就绪,安全警示(图 5-22)再次提醒检查电池防护罩是否佩戴、桨叶是否安装无误。

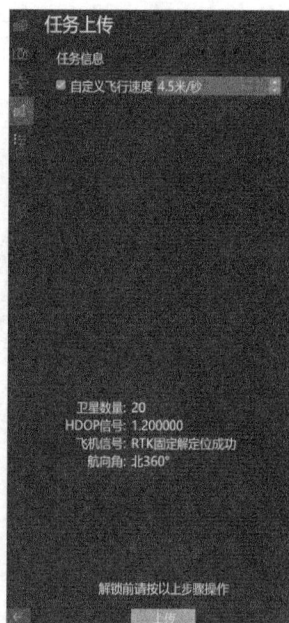

a)　　　　　　　　　　　　　　b)

图 5-22　安全警示

点击解锁后(图5-23),电机开始原地高速旋转,为确保飞行安全,系统会最后一次提醒检查电机转动是否顺畅,起飞场地的飞机上方有无遮挡物(图5-24)。

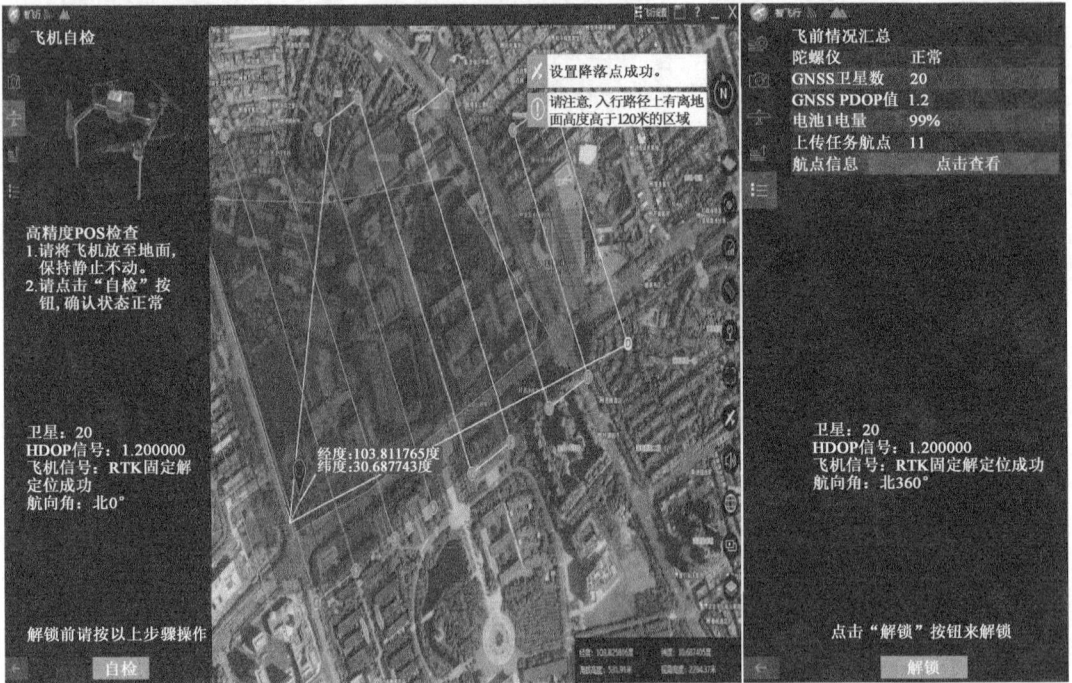

图 5-23　完成自检与解锁

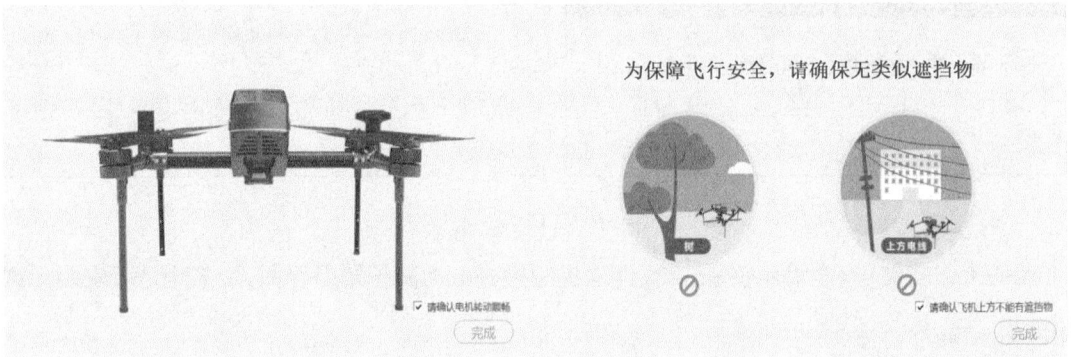

图 5-24　起飞前的安全检查提醒

点击左上角起飞选项 起飞 ,无人机从设置好的起飞位置,依次飞抵各航点,进入虚拟仿真飞行状态(图5-25)。左下角位置,可以观察到飞机的实时飞行状态数据。

待执飞完所有航点后,飞机自动降落至设置好的降落点位置。如需提前降落,可以选择原地降落(图5-26)或者返航。

降落时,务必注意观察降落位置是否安全,如果降落点周围有障碍物,可以暂停任务及时悬停无人机,手动控制降落位置(图5-27)。

图 5-25　无人机虚拟仿真飞行状态

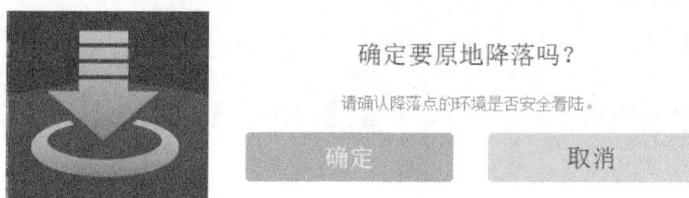

图 5-26　原地降落

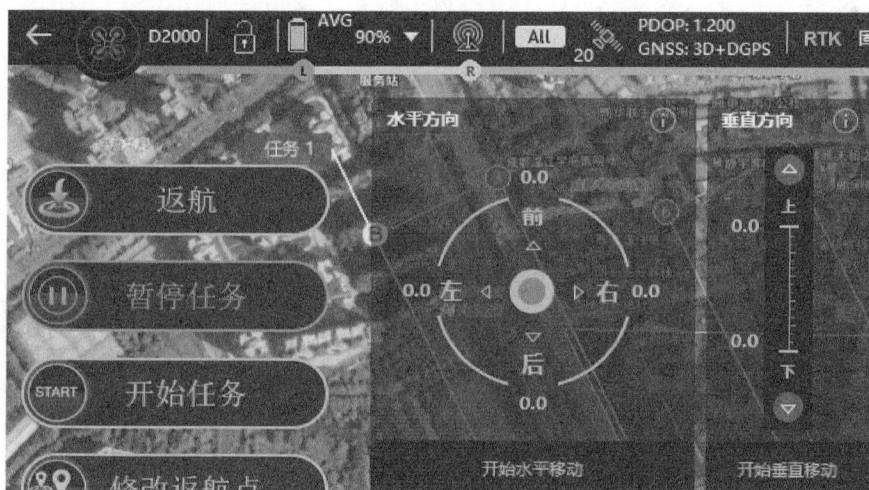

图 5-27　悬停与降落

无人机安全降落后,关闭无人机与相机电源,回收所有设备,完成虚拟仿真外业飞行,下载飞行数据,进入内业处理环节。

二、虚拟仿真软件中的像控点测量与外业飞行

无人机虚拟航测软件较多,本节将以南方测绘公司的虚拟仿真软件来介绍虚拟仿真航测的外业操作流程。

1.软件界面

进入到虚拟仿真程序的环境当中以后,可以看到界面左上角有地图和键位操作指南(图5-28)。

图5-28　软件初始界面

鼠标点击左下角功能中心或点击 M 键,打开或退出地图(图5-29),鼠标滚动键可以将地图放大,观察测区细节。按键说明中,对所有设备的操作键均有介绍。设置中可以对窗口、分辨率、画质、音效、数据备份等进行设置。点击退出则可以退出软件操作。

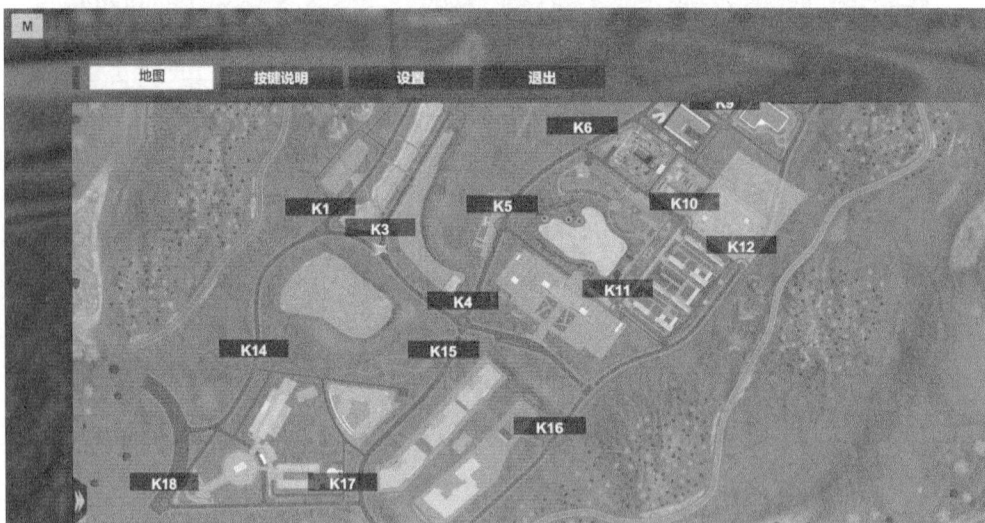

图5-29　地图界面

　　无人机航测,首先需要确定测区与禁飞区的区域。地图中的黄色区域表示的测区,然后确定禁飞区。再到地图页面,点击左下角的蓝色箭头,选择人物传送,可以将人物传送到相应地块去查看周围是否有禁飞区标志,点击"一键导入"可将已知控制点导入手簿坐标库,如图 5-30 所示。

图 5-30　数据导入相关描述与人物传送

　　禁飞区域内会有禁飞标志牌,沿地块方向继续寻找,可以看到多个禁飞标志牌,禁飞标志牌围合起来的区域就是禁飞区,人物可以进入禁飞区,但是飞机进入以后就会炸机,所以要避免在规划无人机航线时进入禁飞区内。确定完禁飞区域,将人物传送至测区内。

　　开始测量以前需要先确定天气状况是否满足飞行条件,右上角有一个太阳标志,点击标志,可以查看当前的天气状况,若天气状况不满足飞行要求,可以点击天气,等待天气好转,合适的天气与时间才能测量,合适的时间是早上的 8 点到晚上的 6 点,天气状况需要是晴天,阴天、雨天不能测量与航飞,航飞时风速需要小于 5 级。

2. RTK 设置

　　确定天气状况符合飞行条件以后,开始使用 RTK 进行相控点的数据采集工作。

　　相控点采集之前我们需要进行移动站的设置。点击 TAB 打开工具箱,取出移动站,对准移动站 RTK 的机头,点击 F 键进入操作界面(图 5-31),点击右下角电源按键,将 RTK 开机,箭头上下闪烁表示 RTK 完成开机,再点击 F 键即可退出。

　　打开手簿操作界面,手簿的打开有三种方式,可以点击移动杆上的手簿,也可以点击 TAB 键,打开工具箱(图 5-32),点击工具箱中的手簿,或者按 F1 快捷键进入手簿(图 5-33)。

图 5-31　RTK 操作界面

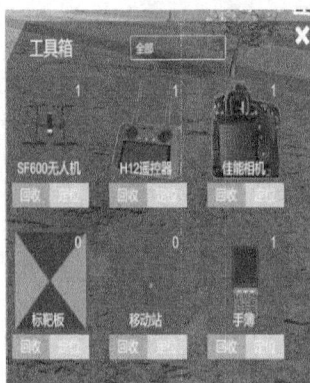

图 5-32　工具箱　　　　　　　　图 5-33　RTK 手簿首页界面

　　进入手簿以后，需要创建一个工程，注意选择工程的保存路径，以便后期查找和调用工程。创建工程中参数设置默认即可。工程设置完成以后，对手簿进行 RTK 的连接，点击配置，扫描到 RTK 的蓝牙以后，点击连接。连接好 RTK 以后，进行仪器设置，需要将 RKT 设置成移动站。由于没有架设基准站，所以要使用接收机移动网络，然后增加一个数据链设置，密码可以随意设置，增加完网络以后，对网络进行连接，网络连接成功会显示注册成功，点击确定。返回到手簿的首页界面，显示固定解即表示移动站设置完成（图 5-34）。

3. 校正向导

　　拾取 RTK，将 RTK 放置在已知的控制点上，然后点击 F1 打开手簿，点击输入，开始校正向导。由于我们没有架设基准站，所以基准站要选择设置在未知点，从点库中获取已知的控制点平面坐标，控制点平面坐标可以进入地图一键导入。

　　任意选择测区附近一个控制点进行验证。获取控制点坐标后，需要输入碳纤杆的高度。点击碳纤杆，输入 F 键，可以查询碳纤杆高度，修改天线量取高度，进行校正。如果碳纤杆没有准确放置到控制点上，会显示校正有无，需要调整碳纤杆位置后重新校正，直至校正成功（图 5-35）。

连接

✓ 启动连接

✓ SIM卡检查

✓ 注册网络

✓ 连接网络

✓ 登录服务器

注册成功！

确定　　取消

hj

工程　　配置

测量　　输入

工具　　关于

P: 固定解 ｜｜｜｜　　S: G6+C6/12
H: 0.003　　V: 0.003
蓝牙 🔋　　Time: 21:26:11

图 5-34　RTK 注册成功并固定

　　完成校正向导后,需要对所校正的控制点进行测量,然后将采集数据与已知数据进行对比。北坐标和东坐标差值不能超过4mm,高程差值不能超过2mm,若精度不符合要求,则需调整碳纤杆位置后重新采集控制点坐标数据,直到精度满足要求(图 5-36)。

求校正参数

移动站已知平面坐标　　点库获取 >

点名　　K12
北坐标　　2564718.779
东坐标　　441679.630
高程　　222.663
天线量取高度　　1.8

○直高 ○斜高 ●杆高 ○测片

☐选择经纬度模式　　点库获取 >

取消　　校正

图 5-35　控制点校正

控制点测量

测点:　　测回:
历元:　　等待:

点名　　12

○直高 ○斜高 ●杆高 ○测片

天线量取高度　　1.8

N: 2564718.780　E: 441679.631
H: 222.664　Time:22:32:40
HRMS:0.001　VRMS:0.005

开始　　停止　　取消

图 5-36　控制点测量

4. 像控点数据采集

像控点分为特征像控点和标靶像控点。

特征像控点,需要找到开阔的场景,且比较明显的拐点处,作为我们的特征点,比如颜色分明的交叉拐点,或者斑马线等拐点,都可以作为特征像控点。将碳纤杆放置在拐点上时,若放不准可以使用"CTRL + 鼠标中轮"缓慢调整 RTK 移动。碳纤杆位置确定后,RTK 手簿中选择"点测量"(图 5-37)。

图 5-37　相控点测量

为了防止后期刺点的时候,遗忘像控点位置,像控点测量时需要用相机拍照,远近各拍摄一张,进行点之计制作(图 5-38),以保证后期能够回忆起特征相控点的具体位置。

图 5-38　点之计制作

测区内的特征点的都可以采集,但是进入一些比较空旷,没有明显特征点的区域时,需要利用标靶作为像控点(图5-39)。打开工具箱,取出标靶纸,将标靶纸放在比较平坦的位置,对标靶纸进行编号命名。由于标靶纸可以通过工具箱确定其位置,所以只需对特征相控点进行点之计的制作。

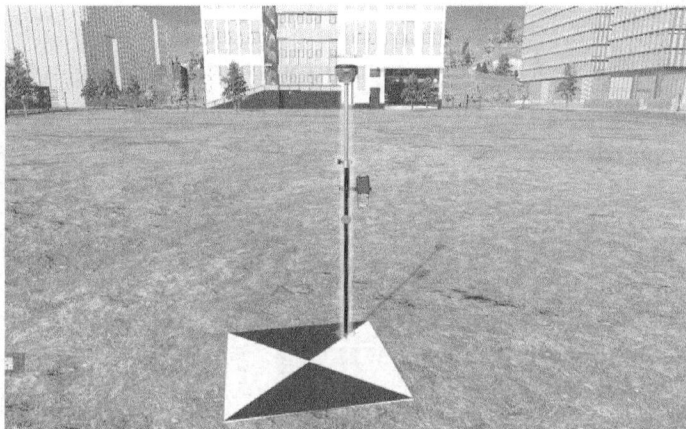

图5-39　标靶像控点数据采集

像控点的位置,注意均匀分布在测区内,周围不要有障碍物,以便后期刺点。

像控点采集完成后,以自定义文件类型的格式将其导出,并将相机拍摄的点之计放到同一个文件夹中。检查导出的数据,可仅保留像控点数据,方便后期刺点时导入数据。

5. 无人机航飞

(1)航飞准备

选择空旷区域,打开工具箱,取出无人机,进入无人机组装界面。界面左侧是无人机的相机和键位操作指南,中间是无人机机身,右边是无人机的桨叶与电池(图5-40)。

图5-40　无人机组装图

点击电池的电源键,检查所有电池当前电量,选择满电的电池进行安装,先短按再长按电源键,开启无人机。

启动无人机以后,需要对无人机进行校正,校正前不得安装桨叶与相机。取出无人机的遥控器,按 Y 开机。开启以后按 F2,选择设备连接。连接飞行器以后,开始无人机的校正,点击设备部件,进行加速度计和指南针校准(图 5-41)。

图 5-41　无人机校正

校准完成以后,将无人机关机,安装相机(图 5-42),安装好之后旋转相机。左侧是相机的开关,中间是指示灯,右侧是无人机的 Type-C 接口,点击 Type-C 接口,检查相机的存储空间,对其进行格式化并选择航飞数据的保存位置(图 5-43)。

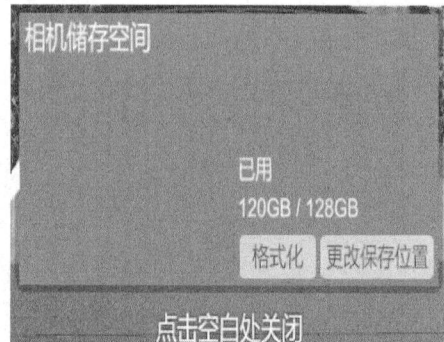

图 5-42　相机安装　　　　图 5-43　相机存储管理

安装无人机桨叶,注意按照颜色配对,如果安装错误,会导致无人机起飞就炸机。桨叶安装完成以后,启动无人机与相机(图 5-44)。

(2)确定航飞限高

可以利用无人机的相对距离功能,确定航飞限高(图 5-45)。进入遥控器中的飞行管理,利用遥控器相对于飞机的高度,进行飞行高度的踏勘。同时点击 G、K 解锁无人机,无人机桨叶开始旋转,准备起飞。根据左侧的操作按键进行无人机的飞行操作。点击 F9 切换到无人机视角,便于观察无人机飞行高度。飞行到测区最高的位置,点击 F2,查看航飞参数(图 5-46),可以看到当前无人机相对地面高度。设置航飞的高度大于当前高度,避免无人机飞行过程中炸机。确定完航飞限高之后,先将无人机飞回地面,再进行航线规划。

图 5-44　无人机准备完成

图 5-45　确定航飞限高

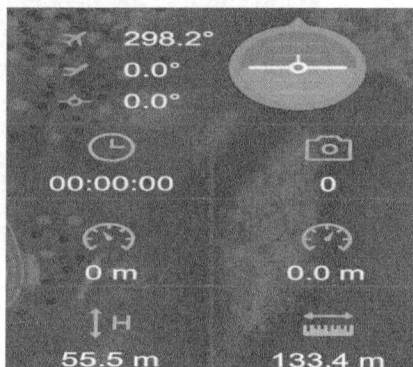

图 5-46　航飞参数

(3)航线规划

点击摄影测量开始新建航线,点击地图开始航线规划(图 5-47)。

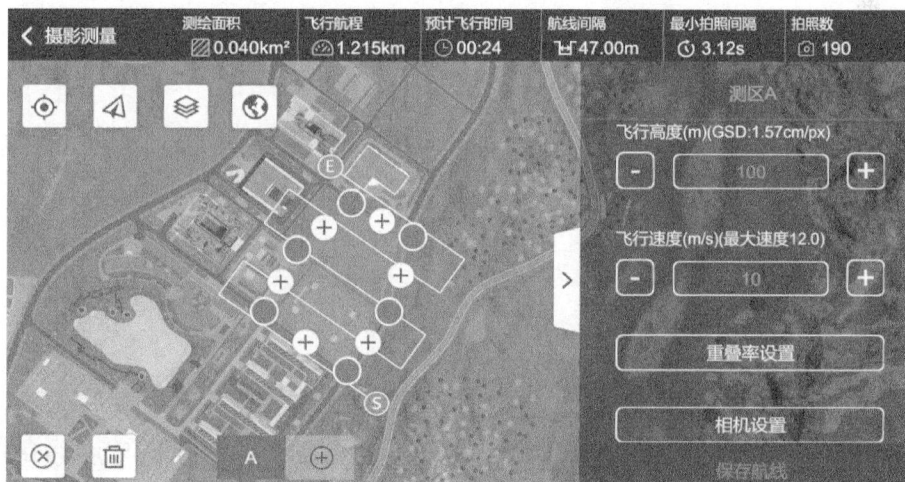

图 5-47　航线规划

点击并拖动蓝色航点,可以修改航飞区域大小,应保证测区在航飞区域之内。如果不能确定航飞区域是否覆盖测区,可点击 F2,切换到地图模式查看测区范围。确定好航飞区域以后,在右侧进行飞行参数的设置,首先是飞行高度需要高于限高值,飞行速度可自己设定或默认,重叠率一般要求 60% 以上,相机设置为 T53P 的 5 镜头相机。航线角度根据实际情况设定,航线外扩应大于设定的航高。设置完成,保存航线,进入飞行管理。点击右上角的角标,进入飞控参数控制的设置,返航高度应高于航飞高度 10m 以上(图 5-48)。

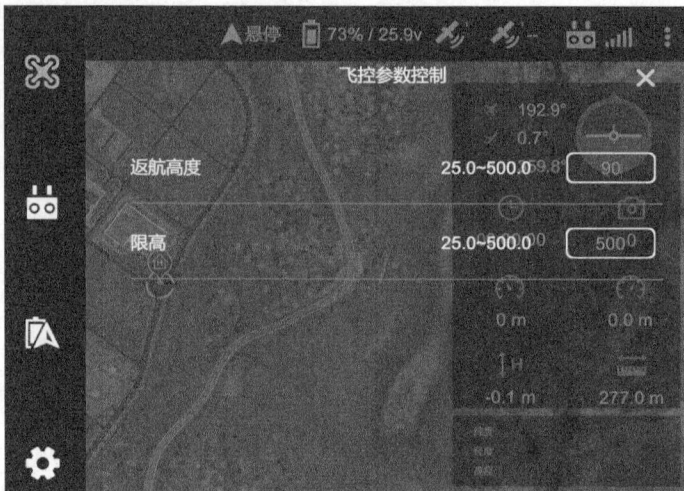

图 5-48 返航高度设置

(4)无人机航飞

点击左侧的 ⬚ 键执行作业前检查(图 5-49),选择航飞任务,执行飞行,可以看到无人机已经起飞进行航飞。切换到遥控器界面,随时关注天气状况,若风力大于 5 级,应将无人机及时召回。待天气情况好转适合飞行时,可重新点击飞行任务,执行断点飞行。

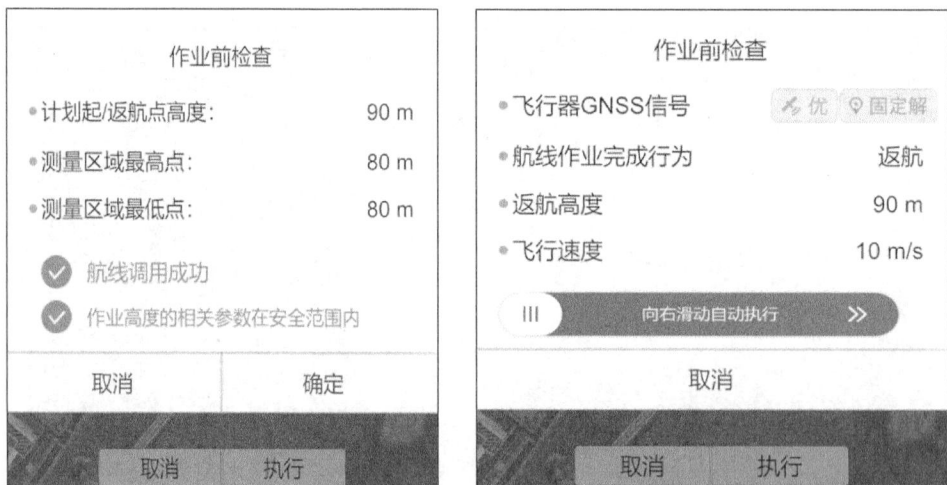

图 5-49 航飞作业前检查

　　航飞作业(图5-50)完成后,检查采集数据是否保存到相应的文件夹内,长按Y,关闭遥控器,关闭相机与无人机电源,取下桨叶、电池、相机,回收无人机,完成外业航飞任务,下载飞行数据,进入内业处理环节。

图5-50　航飞作业

复习思考

1. 无人机航测外业数据获取流程分为哪些步骤?
2. 像控点是什么? 它如何对目标区域布置、测设?
3. 如何操作无人机航测虚拟仿真软件来进行外业数据获取?

拓展任务

请自行安装相关虚拟仿真软件,进行无人机的外业飞行与数据获取虚拟仿真操作。

模块六　航空摄影测量内业数据处理

学习情境描述

　　本模块主要学习航空摄影测量内业处理流程,通过对航空摄影测量内业处理流程讲解,并结合利用 SouthUAV 软件进行实际操作演示,期望能够帮助学习者理清航空摄影测量内业处理流程及软件处理操作方法,从而更好地完成后续内容的学习。

学习目标

　　1. 掌握航空摄影测量内业数据处理流程。

　　2. 了解自由网空三处理的原理。

　　3. 掌握刺点的注意细节。

　　4. 了解 SouthUAV 软件的航空摄影测量内业数据处理方法。

单元 1　航空摄影测量内业处理流程

　　无人机航测数据内业处理应根据任务情况,参照对应的国家标准和行业标准执行。无人机航测数据内业处理作业流程如图 6-1 所示,其中 POS 解算和数据整理在前述数据整理环节已完成。

一、自由网空三处理

1. 自由网空三处理基本原理

　　自由网空三处理是航空摄影测量中的一种空中三角测量方法,通过算法,如尺度不变特征转换(SIFT)、加速鲁棒特征(SURF)、半全局匹配(SGM)提取影像中的同名点(连接点),建立影像间的对应关系,完成影像匹配。利用同名点计算相邻影像的相对位置和姿态,构建局部立体模型。将多个局部模型通过公共连接点合并为一个整体区域网,形成自由网。基于共线方程,以影像外方位元素(位置、姿态)和连接点坐标为未知参数,通过最小二乘法优化整体网络的几何一致性,消除误差累积。最终形成一个无绝对地理坐标的"自由网"。

```
┌─────────────┐
│   POS解算   │
└─────────────┘
       │
┌─────────────┐
│   数据整理   │
└─────────────┘
       │
┌─────────────┐
│  自由网空三处理 │
└─────────────┘
       │
┌─────────────┐
│     刺点     │
└─────────────┘
       │
┌─────────────┐
│  控制网空三处理 │
└─────────────┘
       │
┌─────────────┐
│   数据自检   │
└─────────────┘
       │
┌─────────────┐
│   三维重建   │
└─────────────┘
```

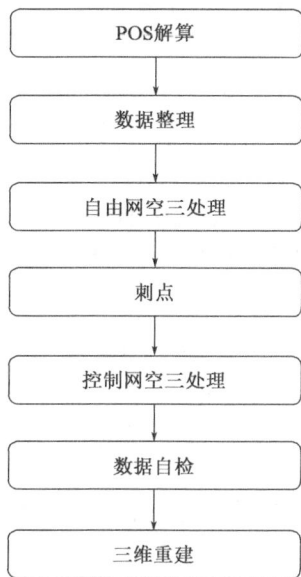

图 6-1　无人机航测内业处理流程

自由网空三处理其核心特点是在处理过程中不依赖地面控制点（GCP），仅通过航拍影像之间的几何关系和相机参数，构建一个相对稳定的自由坐标系网络。其目的是通过影像匹配和光束法平差，恢复影像间的相对位置和姿态，为后续的密集匹配、三维建模等奠定基础。

2. 自由网空三处理所需资料

（1）原始航拍影像

要求影像重叠度满足规范，无严重畸变或模糊。

（2）POS 数据

飞行器记录的 GNSS/IMU 数据，提供影像的初始外方位元素，加速平差收敛。

（3）相机参数

内方位元素（焦距、像主点、畸变参数）的标定文件（如 . XML 或 . TXT）。

（4）飞行参数

航高、航速、影像分辨率等辅助信息，用于质量检查。

3. 自由网空三处理操作流程

（1）数据准备与导入

将影像、POS 数据、相机参数导入空三软件（如 CONTEXTCAPTURE、PIX4D、INPHO）。检查影像质量，剔除模糊或遮挡严重的影像。

（2）自动匹配连接点

进行匹配算法类型（SIFT/ SURF）、匹配阈值、最小连接点数等参数设置。运行特征匹配算法，生成影像间的同名点（连接点）。

（3）相对定向与模型连接

运用软件自动计算相邻影像的相对位置和姿态，构建局部模型。检查连接点残差，手动剔除误匹配点,如水域、重复纹理区域的错误匹配点。

(4)区域网平差(光束法平差)

输入相机内参、POS 数据等初始参数,采用自由网平差(不固定任何控制点)运行平差优化。

(5)质量检查

通过可视化检查,查看连接点在三维空间中的分布是否合理,避免空洞或扭曲。检查平差报告中的残差(RMS ERROR),确保残差在像方 1~2 像素内。

(6)输出结果

导出影像外方位元素(X, Y, Z, ω, ϕ, κ)、连接点坐标、区域网模型文件等空三成果,供后续密集匹配或三维建模使用。

二、刺点

刺点(控制点刺绘)是指在地面控制点对应的航拍影像上人工或半自动标记其精确位置的过程。

1. 刺点的作用

刺点是连接影像坐标系与地面实际坐标系的关键步骤,其作用贯穿于空三加密、绝对定向和成果精度控制等环节。

(1)绝对定向的基准

自由网空三处理完成后,需要通过刺点将自由坐标系(相对坐标系)与地面实际坐标系(如 WGS84、CGCS2000)对齐。刺点提供的控制点坐标是坐标转换的基准,赋予成果地理空间属性。

(2)纠正几何畸变

航拍影像受相机畸变、地形起伏、大气折射等影响会产生几何变形。刺点通过地面控制点的真实坐标约束,可修正平差模型中的系统性误差,提升整体几何精度。

(3)控制误差累积

自由网空三仅依赖影像间相对关系,可能因匹配误差或模型连接问题导致区域网扭曲。刺点引入外部控制,可有效抑制误差传播,确保成果(如 DOM、DSM)的平面和高程精度。

(4)验证与质量控制

刺点残差(影像上标记位置与平差后反算位置的差值)是评估空三成果精度的核心指标。通过残差分析,可发现粗差(如误匹配、控制点坐标错误)并优化平差模型。

2. 刺点所需数据资料

(1)空三数据。

(2)与空三数据相同地点的像控数据,格式为 txt 或 scv。

3. 刺点操作流程

在完成自由网空三处理获得相应数据成果基础上,进入软件刺点界面,首先导入像控点,设置控制点空间参考系统,确保参考系统与像控点采集时的参考系统一致,然后再对每一个像控点对应影像进行刺点。

4. 刺点注意要点

（1）最好选择像控点在照片的 3/4 内的影像进行刺点，如图 6-2 所示。若像控点在照片的边缘地带，刺点后会使整体精度变差。

图 6-2　比较理想的像控点

（2）最好选择在照片中清晰可识别、通视好的像控点进行刺点，最好不选择出现曝光过度或被植被遮住一半的像控点影像。如图 6-3 所示为不清晰的像控点。

图 6-3　不清晰的像控点

（3）刺点一般尽量分布在多个航带的照片上，每个航带刺点数量不少于 9 张。若是边缘点或者某些航线照片较少可以低于此标准，但一般不低于 3 张。

（4）刺点时，优先使用软件半自动刺点功能（如 Pix4D 的"自动匹配"或 ContextCapture 的"预测标记"），结合人工微调。手动刺点时，使用软件放大镜、影像金字塔功能，在不同金字塔层级（低分辨率预览→高分辨率精调）逐级确认位置，确保标记位置与实地坐标严格对应，误差不超过 1 像素。

三、控制网空三处理

将导入的像控点刺点完成后,在空中三角测量解算软件中修改控制点的平面和高程精度、GPS 的精度及参数、IMU 精度与参数等指标,然后进行控制点平差。查看平差报告,若控制点精度超限,可重新调整或添加。对照相关规范,检查平差结果,待结果符合要求后,将平差报告重命名后另存。

四、三维成果生产重建

三维成果生产重建是为了生产数字正射图(DOM,Tiff 格式)、数字表面模型(DSM,Tiff 格式)、实景三维模型(OSGB 格式)等地理信息产品。如图 6-4 所示为实景三维模型。

图 6-4　实景三维模型

基于已有的原始航测照片数据和软件中生产的自由网平差或控制网平差结果可进行三维重建,在软件中依次完成模块分块参数、生产模式格式、输出坐标系、生产模型范围、输出目录等设置,即可进行模型生产,等待生产结束后在相应工程的三维视图中可查看模型效果。

单元 2　航空摄影测量数据内业处理应用

一、正射影像图制作

1.数据准备

已整理好的影像数据及 pos 文件,本任务主要处理单镜头数据(图 6-5)。

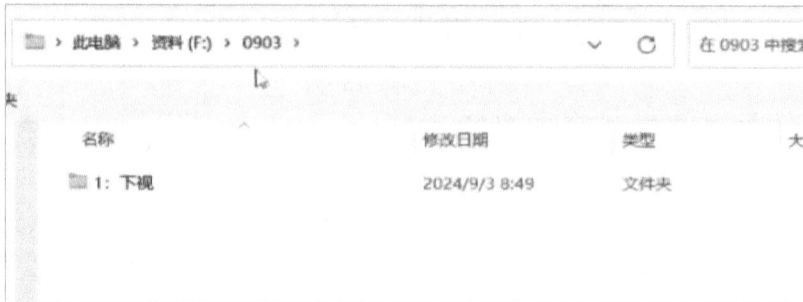

图 6-5　单镜头数据

2. 连接设备

（1）打开 SouthUAV 软件，点击连接设备功能，在连接设备弹窗中选择本地读取，选择设备类型：单镜头 South S24 25mm，选择本地路径后点击连接设备（图6-6）。

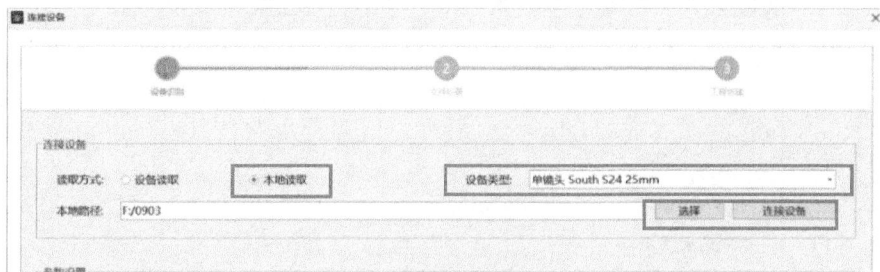

图6-6　选择本地文件连接设备

（2）在连接设备弹窗中进行参数设置，不勾选多路 POS，选择自定义 POS 文件，POS 模板选择任意后选择 POS 文件所在文件夹（图6-7）。

图6-7　POS 设置

（3）点击 POS 设置，对 POS 中的参数进行参数对齐，在导入 POS 设置中设置起始行为2，设置分隔符为"，"，分别选择 ID、北、东、高进行对齐设置后点击确定（图6-8）。

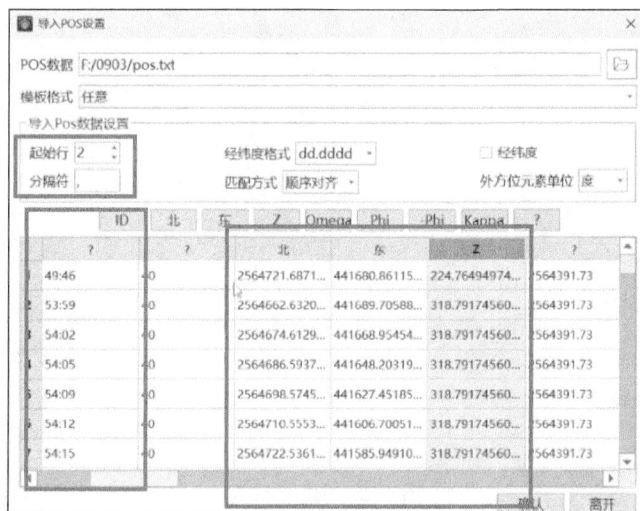

图6-8　数据对齐

（4）根据外业选择的相机进行相机参数设置（图6-9），设置正射相机焦距为25mm，正射影像宽为6000，高为4000，CCD宽为23.5，CCD高为15.6，像主点X为3000，像主点Y为2000。正射相机设置完成后进行检查。

图6-9　相机设置

（5）设置坐标系统（图6-10），此场景的坐标系为：CGCS2000/3-degreeGaussKruger-CM114E，在坐标系中选择相应的坐标系统，检查参数设置无误后点击下一步。

图6-10　坐标系设置

（6）将多余 POS 文件删掉点击"进行照片分组对齐"（图 6-11），选择"自动处理地面点"和"自动处理地面照片"后点击确定。

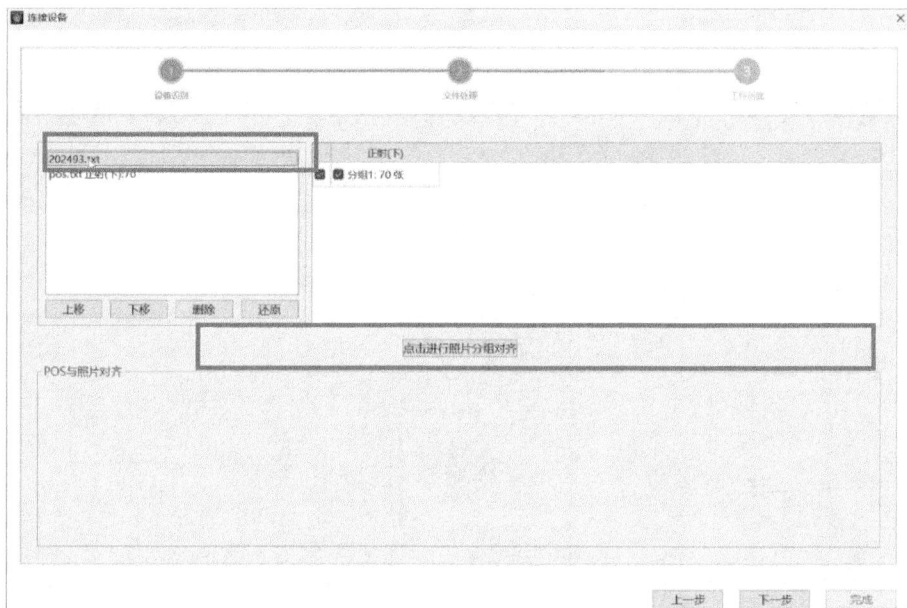

a)

b)

图 6-11　架次对齐

（7）POS 和照片数量成功对齐后（图 6-12），架次按钮变为蓝绿色后可点击下一步。

（8）在界面中选择 POS 写入照片和焦距写入照片，并对照片进行重命名，设置工程名称和工程目录完成新建工程（图 6-13）。

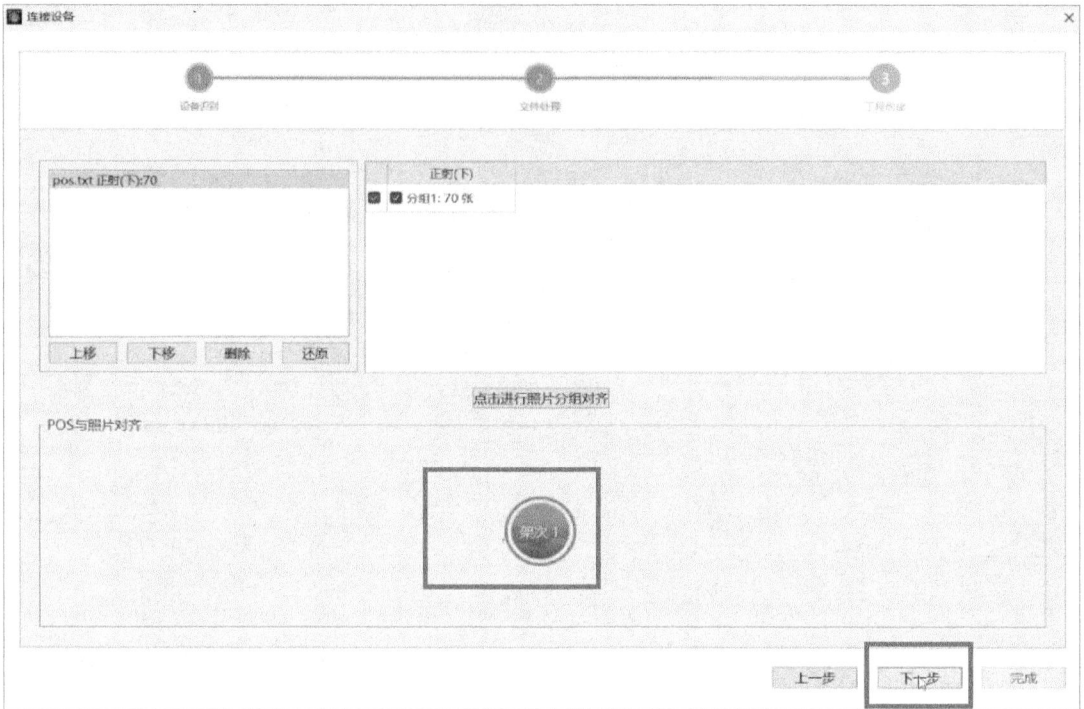

图 6-12　架次对齐成功

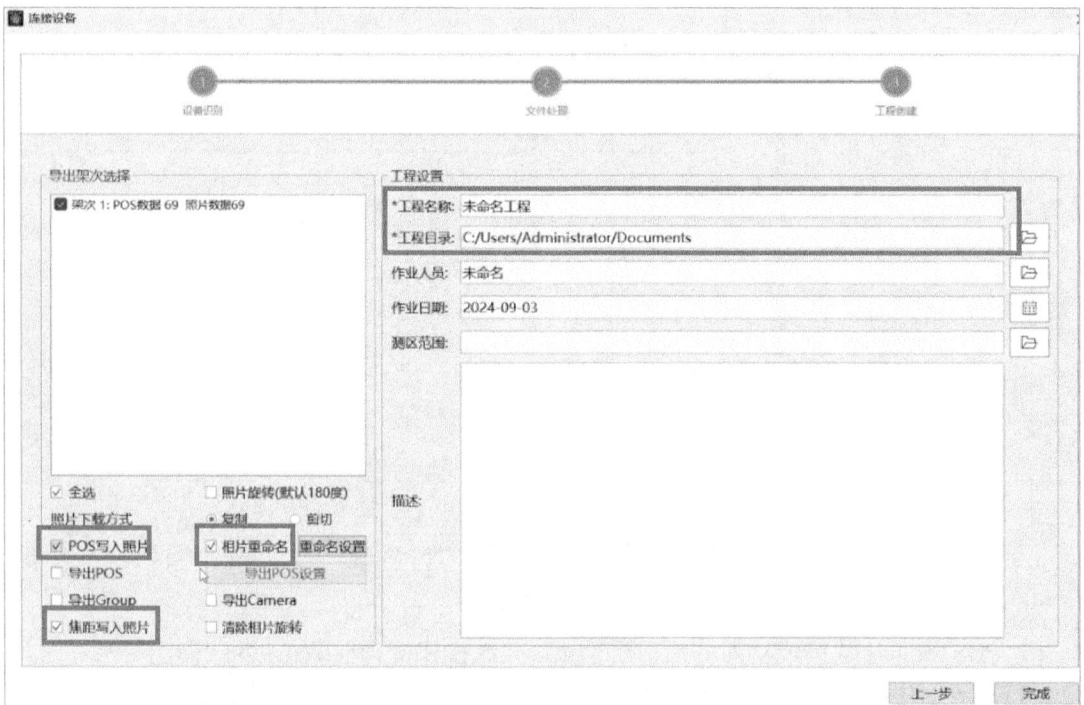

图 6-13　新建工程

3. 自由网平差

完成连接设备后会在地图上展示 POS 点的位置和航线轨迹,根据位置和航线的形状判断,连接设备参数是否存在设置错误,确认无误后在数据预处理中点"击自由网空三",在弹出自由网空三参数设置框中,对自由网空三参数进行设置,可保持默认也可自定义参数。参数设置完成后点击确定,进行自由网空三如图 6-14 所示。

图 6-14 自由网空三

4. 刺点

(1)自由网空三完成后点击刺点功能,进入刺点界面,点击导入选择导入控制点,选择要导入的控制点文件如图 6-15 所示,设置控制点空间参考系统,设置分隔符以及设置名称、并对北、东和高进行对齐,全部设置完成后点击确定。

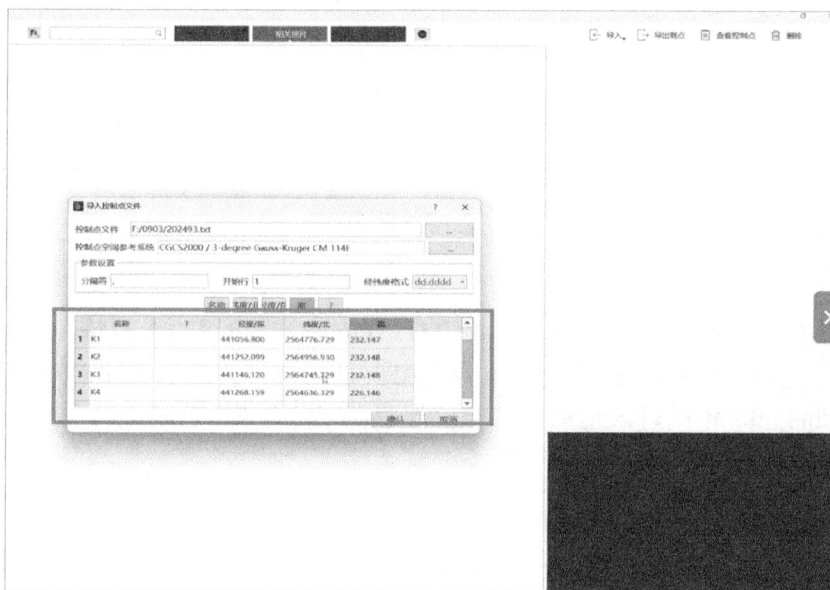

图 6-15 导入像控点文件

(2)导入成功后在右下角视图中展示像控点在航线范围的分布情况,选择像控点,点击相关照片,在照片墙会展示有选中像控点预测位置的照片,每个像控点至少刺五张照片(图 6-16)。

图 6-16　刺点

5. 控制网平差

刺点完成后,点击按钮进行控制网平差(图 6-17)。

图 6-17　控制网平差

6. 生产模型

点击生产模型,弹出生产模型参数设置窗口(图 6-18)。设置边界范围,选择出模范围的 KML 文件并设置坐标参考系统,设置完成后在图层显示窗口会显示 KML 圈定的出模范围。设置生产模型的分块大小,输入相关数据后点击 enter 键,会算出分块个数和生产模型所需的内存大小,可根据电脑配置进行适当调整。

7. 生成正射影像

建模完成以后自动生成正射影像(图 6-19)。

二、三维模型生产

1. 数据准备

已整理好的影像数据及 pos 文件,本任务主要处理倾斜五镜头数据(图 6-20)。

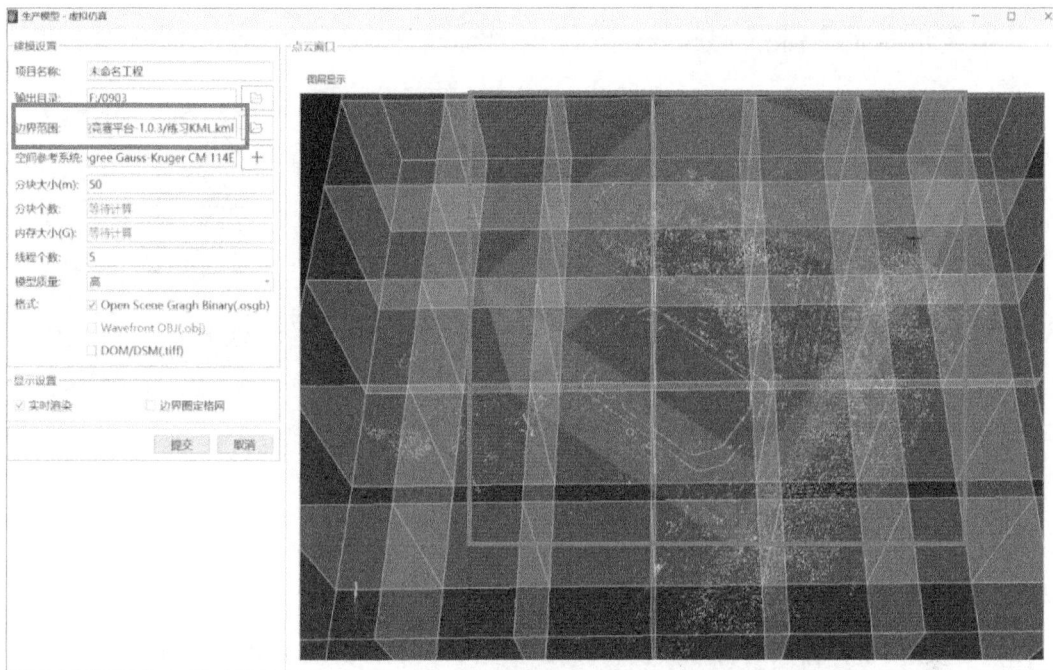

图 6-18　模型参数设置

图 6-19　生成正射影像

图 6-20　五镜头数据

2. 连接设备

（1）打开 SouthUAV 软件，点击连接设备功能，在连接设备弹窗中选择本地读取，选择设备类型：五镜头 SouthT53P，选择本地路径后点击连接设备（图 6-21）。

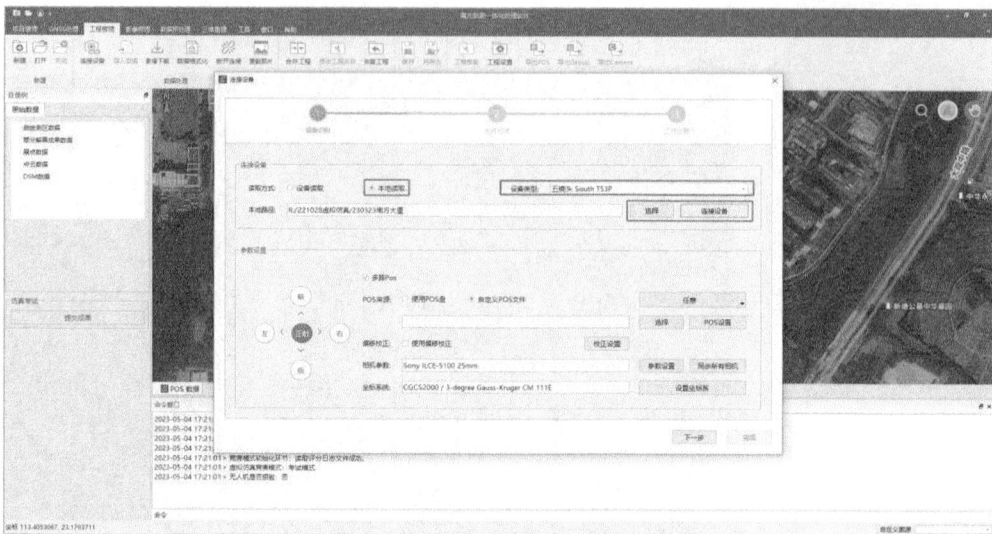

图 6-21　选择本地文件连接设备

（2）在连接设备弹窗中进行参数设置，勾选多路 pos，选择自定义 POS 文件，POS 模板选择任意后选择 POS 文件所在文件夹（图 6-22）。

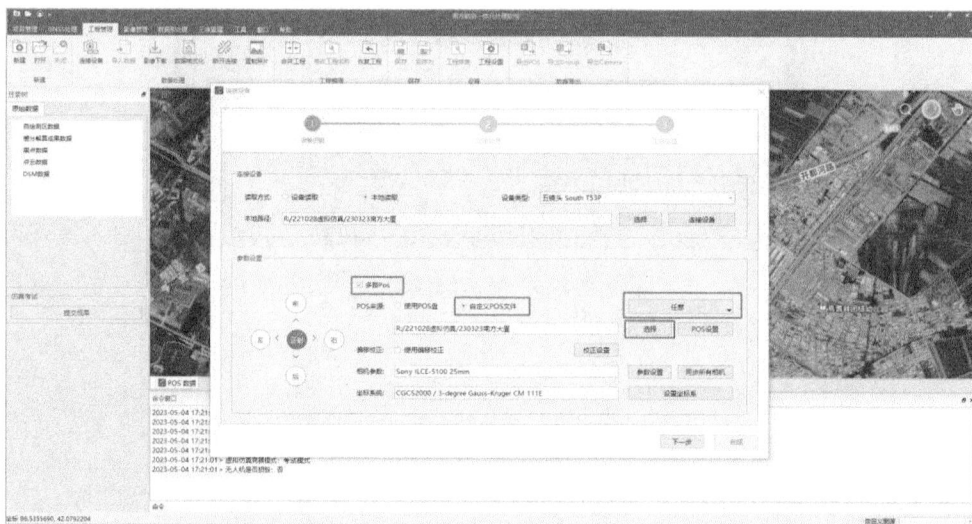

图 6-22　POS 设置

（3）点击 POS 设置，对 POS 中的参数进行参数对齐（图 6-23），在导入 POS 设置中设置起始行为 2，设置分隔符为"，"，分别选择 ID、北、东、高进行对齐设置后点击确定。

（4）根据外业选择的相机进行相机参数设置（图 6-24），正射相机焦距为 25mm，倾斜相机焦距为 35mm，正射和倾斜的影像宽为 6000，高为 4000，CCD 宽为 23.5，CCD 高为 15.6，像主点 X 为 3000，像主点 Y 为 2000。正射和倾斜相机设置完成后进行检查。

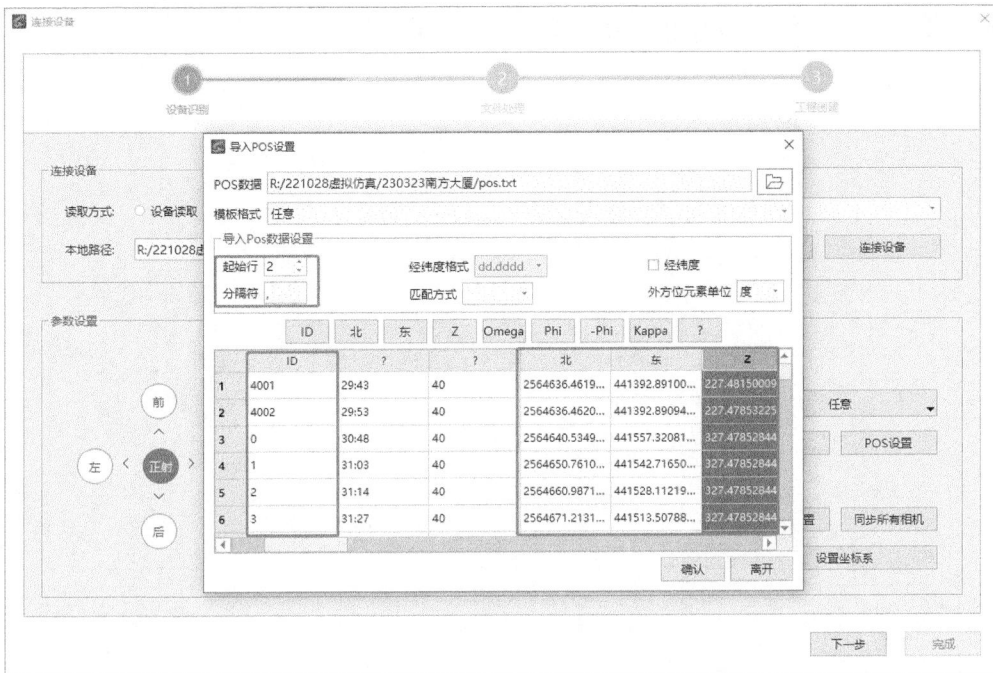

图 6-23　数据对齐

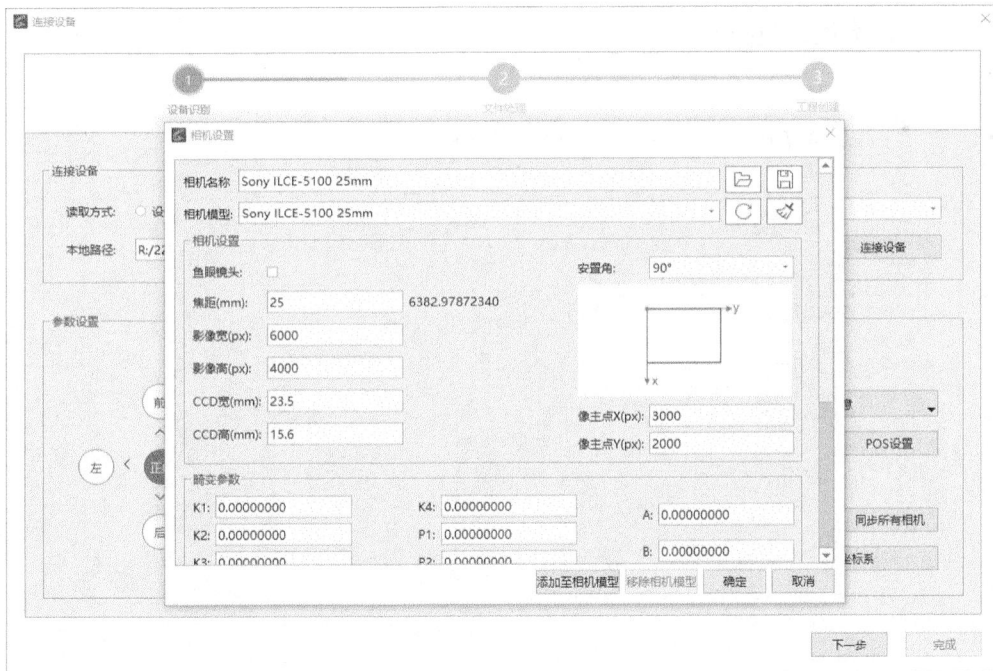

图 6-24　相机参数设置

（5）设置坐标系统,此场景的坐标系为:CGCS2000/3-degreeGauss-KrugerCM114E,在坐标系中选择相应的坐标系统,检查参数设置无误后点击下一步(图6-25)。

图6-25　坐标系设置

（6）将多余 POS 文件删掉,点击"进行照片分组对齐",选择自动处理地面点和自动处理地面照片后点击确定(图6-26)。

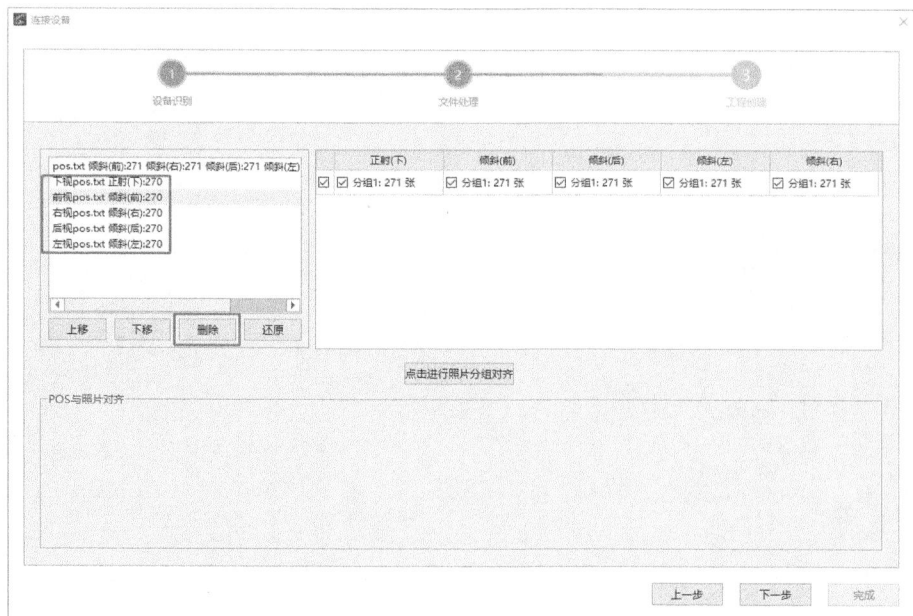

a)

图　6-26

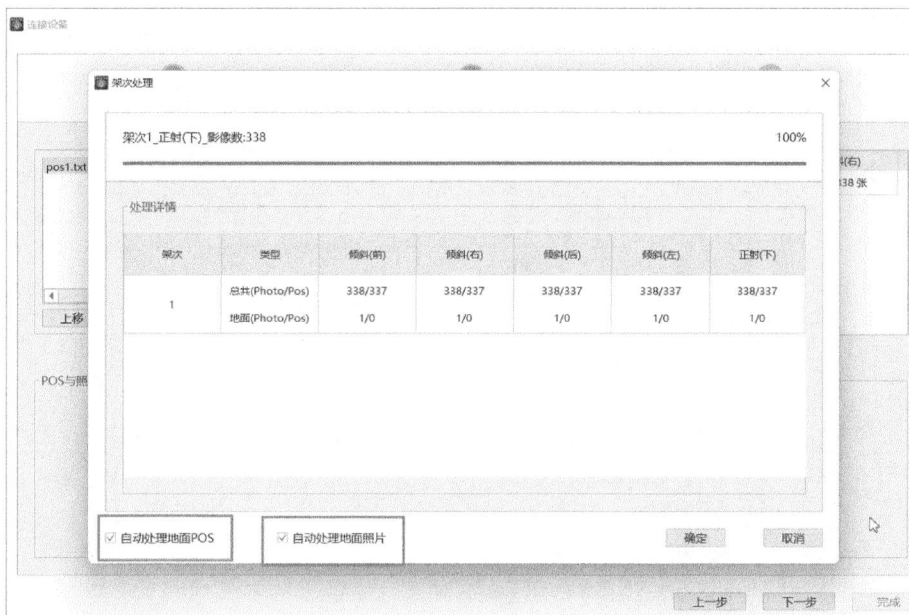

b)

图 6-26　架次对齐

（7）POS 和照片数量成功对齐后（图 6-27），架次按钮变为蓝绿色后可点击下一步。

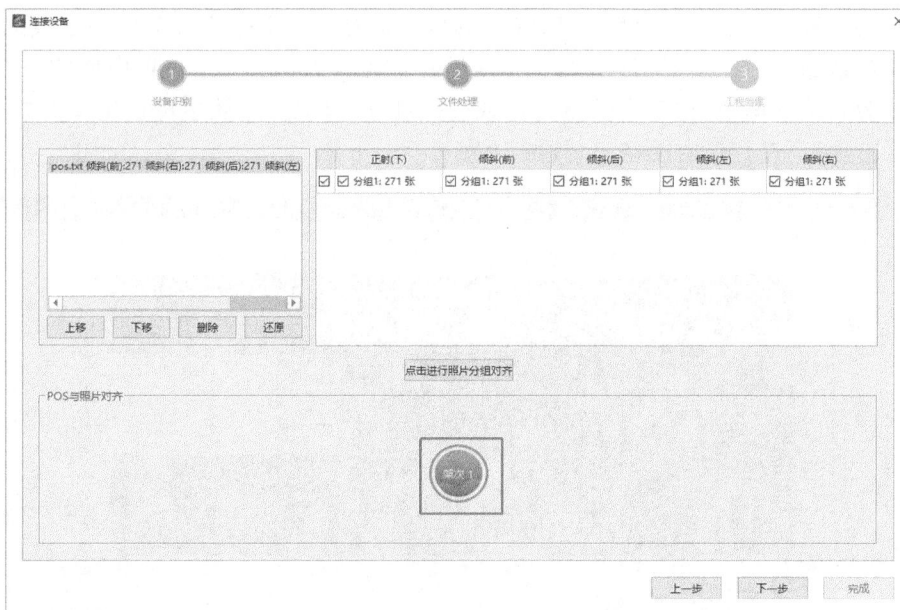

图 6-27　架次对齐成功

（8）在界面中选择 POS 写入照片和焦距写入照片，并对照片进行重命名，设置工程名称和工程目录完成新建工程（图 6-28）。

图 6-28　新建工程

3. 自由网平差

完成连接设备后会在地图上展示 POS 点的位置和航线轨迹,根据位置和航线的形状,判断连接设备参数是否存在设置错误,确认无误后在数据预处理中点击"自由网空三",在弹出自由网空三参数设置框中,对自由网空三参数进行设置,可保持默认也可自定义参数。参数设置完成后点击确定,进行自由网空三(图 6-29)。

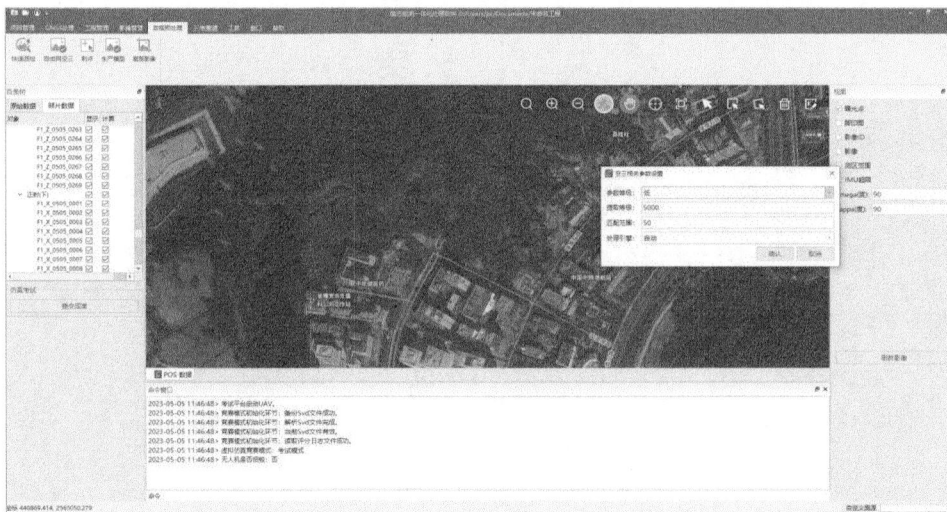

图 6-29　自由网空三参数设置

4. 刺点

（1）自由网空三完成后点击刺点功能,进入刺点界面,点击"导入"选择"导入控制点",选择要导入的控制点文件,设置控制点空间参考系统,设置分隔符,以及设置名称、北、东和高进行对齐,全部设置完成后点击确定(图6-30)。

图 6-30　导入像控点文件

（2）导入成功后在右下角视图中展示像控点在航线范围的分布情况,选择像控点,点击"相关照片",在照片墙会展示有选中像控点预测位置的照片。在搜索框中进行模糊搜索并保证每个镜头都刺够 5 张(图 6-31)。

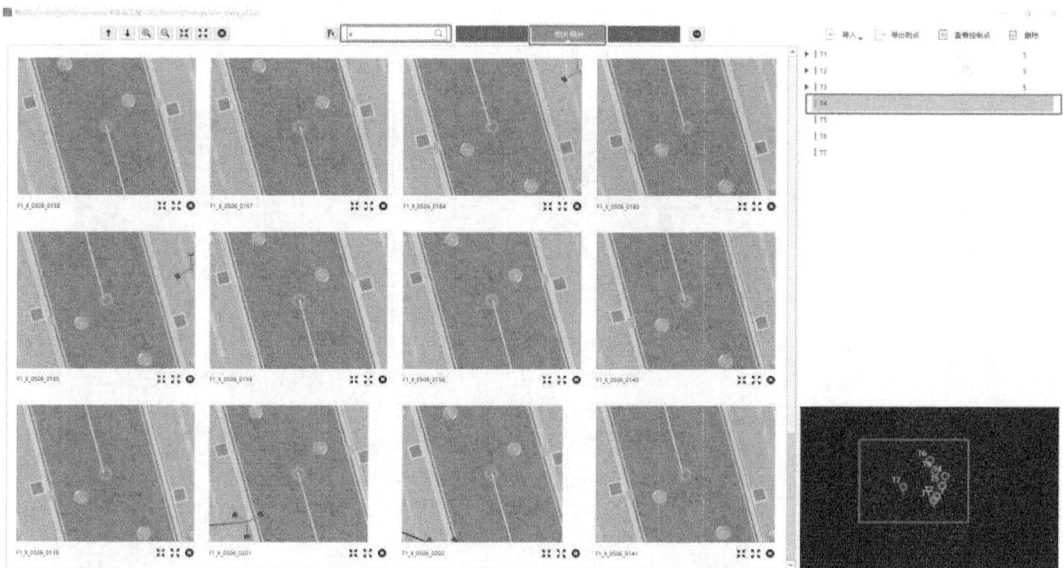

图 6-31　刺点

5. 控制网平差

刺点完成后,点击按钮进行控制网平差(图6-32)。

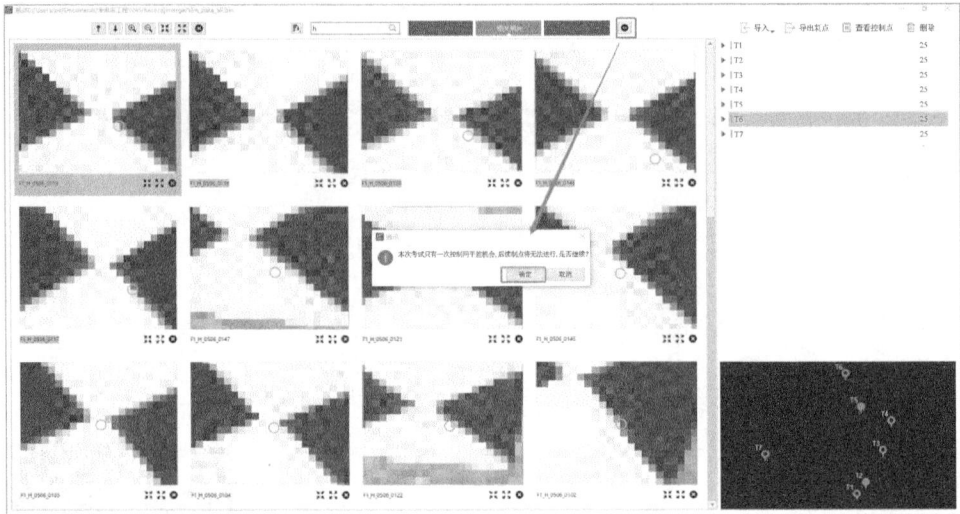

图6-32　控制网平差

6. 生产模型

点击"生产模型",弹出生产模型参数设置窗口。(图6-33)设置边界范围,选择出模范围的 KML 文件并设置坐标参考系统,设置完成后在图层显示窗口会显示 KML 圈定的出模范围。设置生产模型的分块大小,输入相关参数后点击 enter 键,会算出分块个数和生产模型所需的内存大小,可根据电脑配置进行适当调整。最后点击"提交"开始建模(图6-34)。

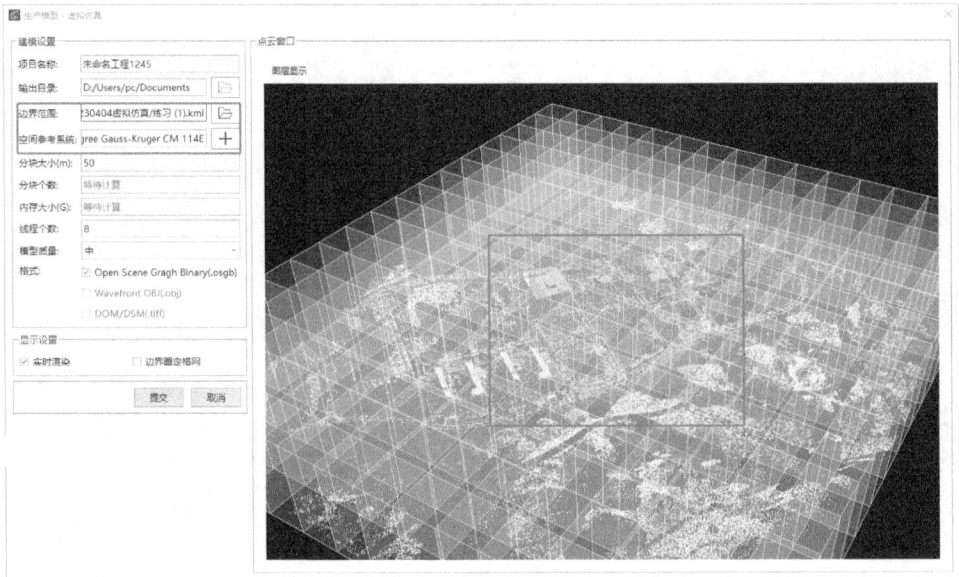

图6-33　生产模型参数设置

图 6-34　开始建模

7. 模型检查

在三维测图内选择"加载点云"对生成的三维模型进行检查（6-35）。

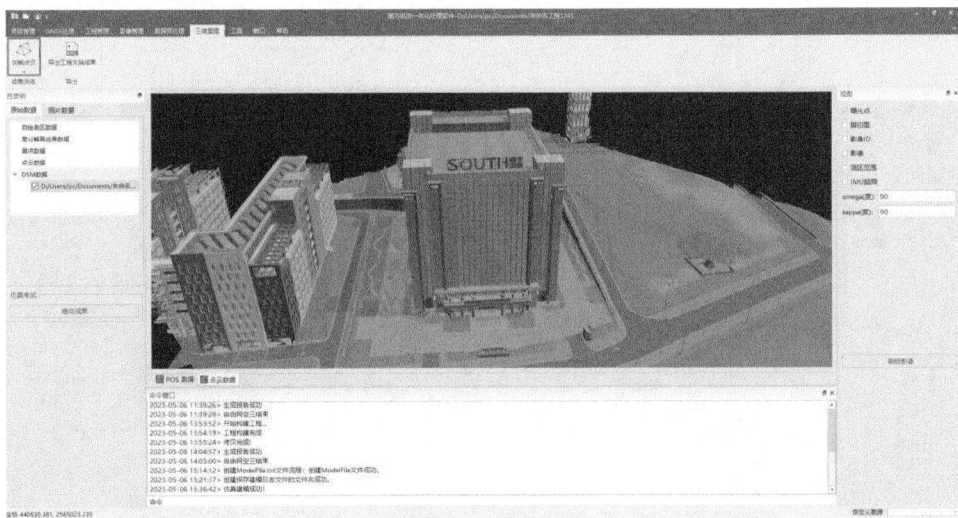

图 6-35　查看模型

三、DLG 三维测图生产

基于倾斜摄影三维数据模型进行 DLG 数字线划图生产的技术已经非常成熟,SmartGIS Survey 软件可利用倾斜摄影技术获取的影像数据开展高精度、大比例尺地形数据的矢量采集工作。无须佩戴立体眼镜,在裸眼状态下就可以根据影像所见即所得的定位地物要素的三维信息,同时赋予要素国标编码。作业流程如图 6-36 所示。

图 6-36　DLG 作业流程图

1. 加载数据

（1）启动 SmartGIS Survey 软件，创建软件工程。进入软件后，点击"开始"菜单栏的"创建工程"（图 6-37），建立作业模板及空白地图场景，用户根据竞赛技术要求，选择模板及坐标系。

图 6-37　创建工程

（2）添加倾斜模型数据。点击"打开倾斜模型"功能，指定模型数据对应的索引文件（.xml）所在路径，点击"打开"按钮将模型添加到地图场景中（图 6-38）。

（3）导入测区范围。在开始菜单栏中点击"导入测区范围"功能，程序自动读取测区范围数据并导入到地图场景中，以此作为后续测图的范围界线（图 6-39）。

视图2〔自由视角〕快速旋转

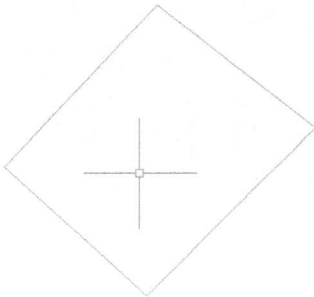

图 6-38　倾斜模型添加后

视图1〔二维〕　　　　　　　视图2〔自由视角〕快速旋转

图 6-39　采集范围导入后

2. 三维测图

在 SmartGIS Survey 中,以裸眼的方式在倾斜三维模型中联动采集点、线、面状要素,并同步在二维窗口中生成矢量图形。按照下列顺序分类采集完成,并赋予基本属性:房屋采集、采集地形要素(点、线、面)、采集高程点、等高线生成和修剪。

(1)点状要素采集。选择相应要素编码后,根据实际要素的中心位置和方向(若要素为有向点),点击鼠标右键完成点状要素的绘制(图 6-40)。

(2)线状要素采集。选择相应要素编码后,沿要素的中心线和朝向右侧方向(若要素为有向线)指定线段折点位置,点击鼠标右键完成线状要素的绘制,例如陡坎、栅栏、道路边线、行树、地类界等(图 6-41)。

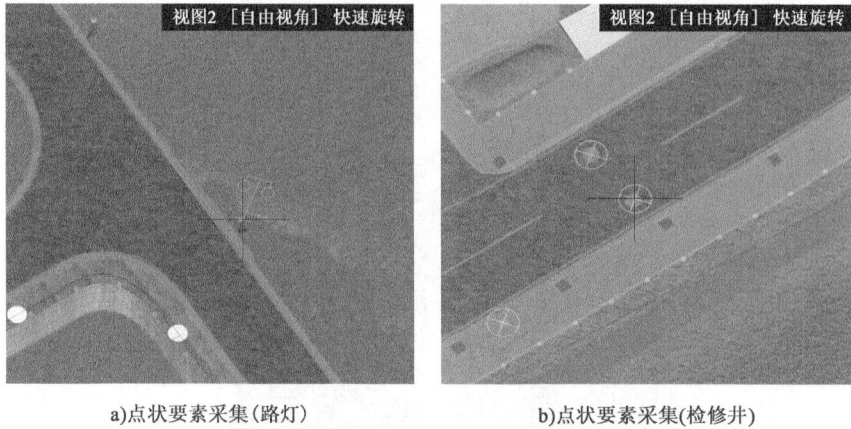

a)点状要素采集(路灯)　　　　　　　　b)点状要素采集(检修井)

图 6-40　点状要素采集

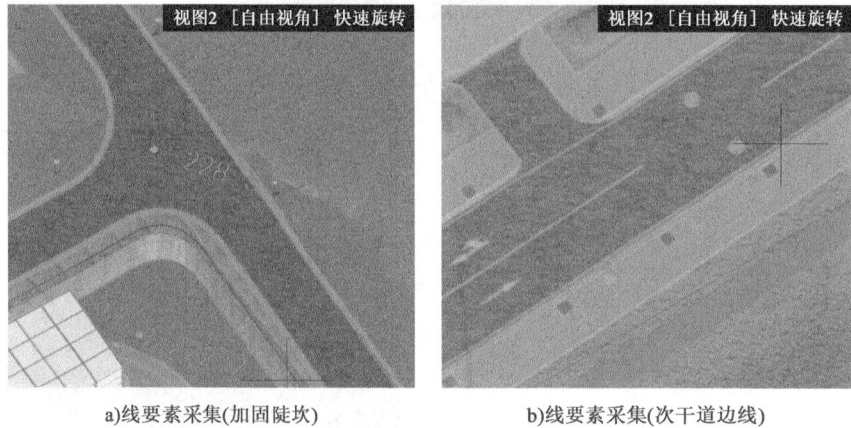

a)线要素采集(加固陡坎)　　　　　　　b)线要素采集(次干道边线)

图 6-41　线状要素采集

（3）面状要素采集。选择相应要素编码后,沿要素的外围轮廓线或范围线进行绘制,点击鼠标右键完成面状要素的绘制。如遇有岛面要素,则可使用软件内置的"扣岛"或"面分割"功能,对岛面进行扣除或分割(图 6-42)。

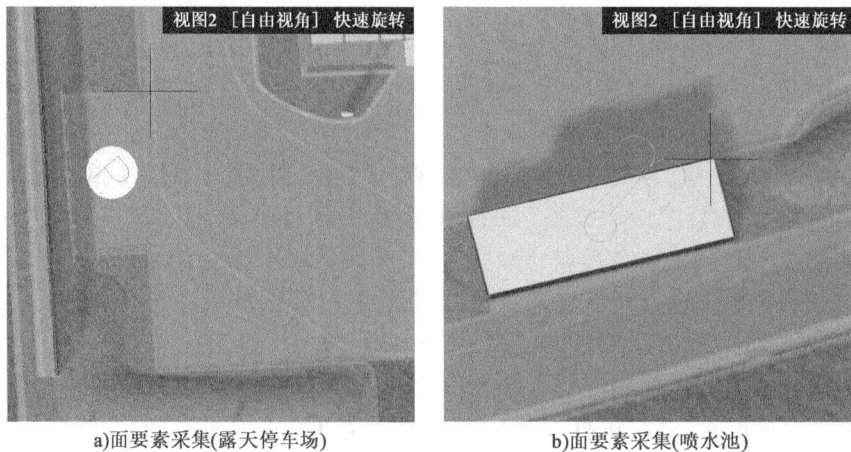

a)面要素采集(露天停车场)　　　　　　b)面要素采集(喷水池)

图 6-42　面状要素采集

（4）常见地形要素采集：

①房屋采集。根据房屋实际结构和形状,可使用"3D 采集"菜单下的"直线绘房"或"直角绘房"功能,利用两点确定直线的基本原理,采集房屋墙面上的点来完成房屋面绘制。

a. 直角绘房:需在第一面墙采集两个点,此后墙面采集一个点,点击鼠标右键完 成绘制,适合墙角均为直角的独立房屋快速绘制。

b. 直线绘房:每一面墙采集两个点,点击鼠标右键完成绘制,适合任意几何形状的房屋绘制。

房屋的绘制步骤是先绘制建筑物上方的独立结构如图 6-43 和图 6-44 所示,再绘制房屋的主体结构如图 6-45 所示,主体结构绘制完成之后需要绘制房屋的附属结构如图 6-46 和图 6-47所示,最后整栋房屋的绘制效果如图 6-48 所示。

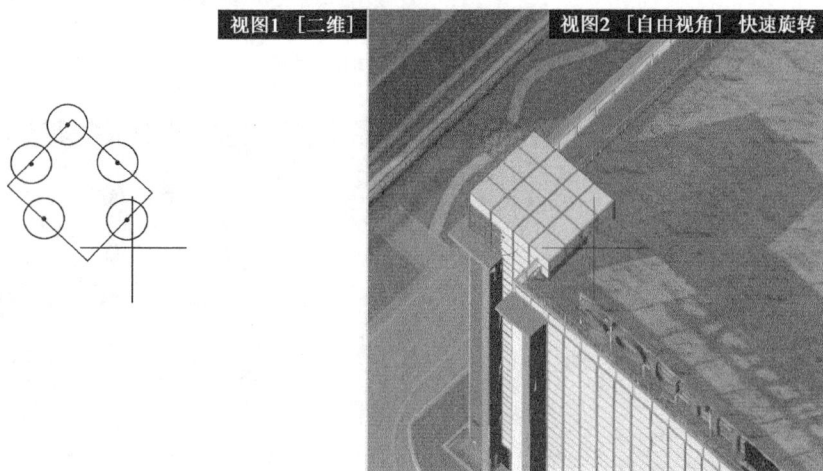

图 6-43　绘制上层独立房屋结构(直角绘房)①

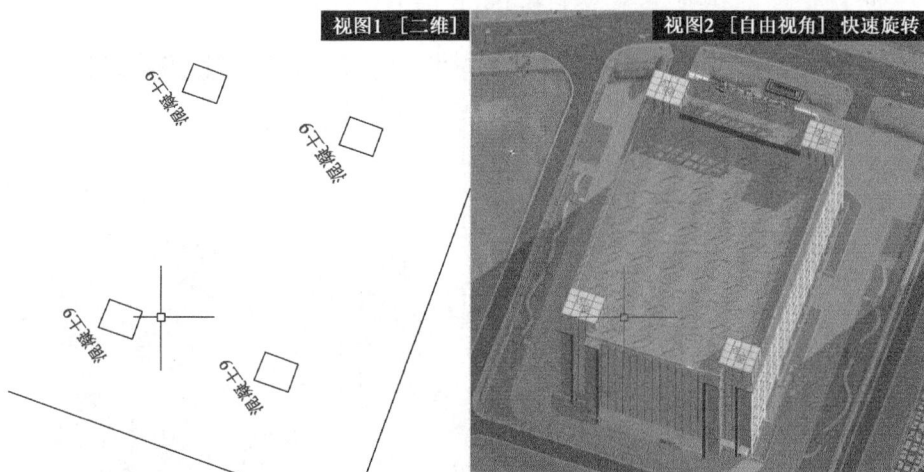

图 6-44　绘制上层独立房屋结构(直角绘房)②

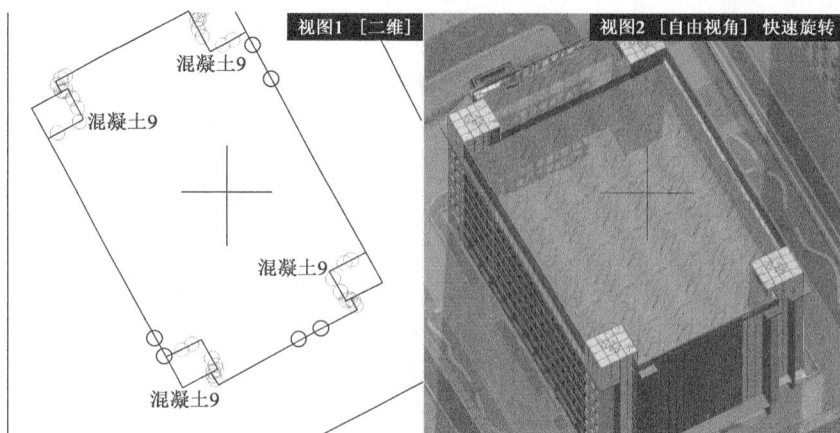

图 6-45 绘制房屋主体结构(直线绘房)

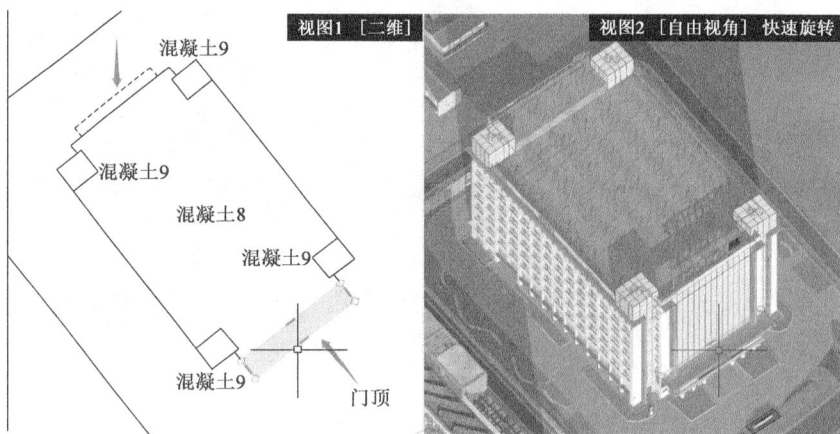

图 6-46 绘制房屋附属结构(直线绘房后进行编码转换)①

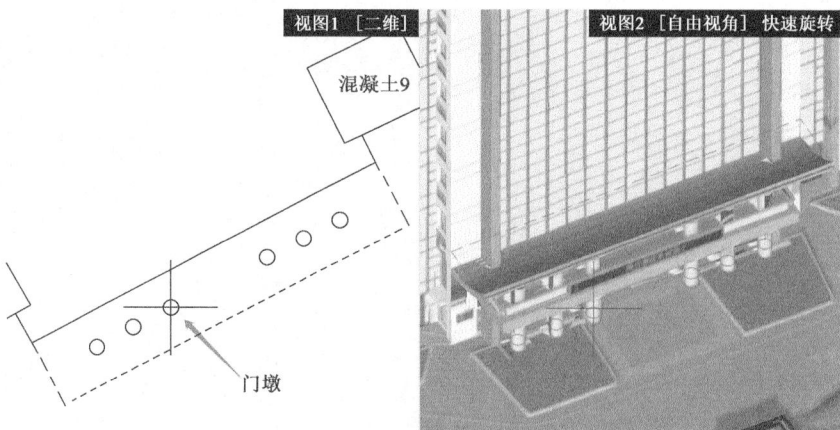

图 6-47 绘制房屋附属结构(直线绘房后进行编码转换)②

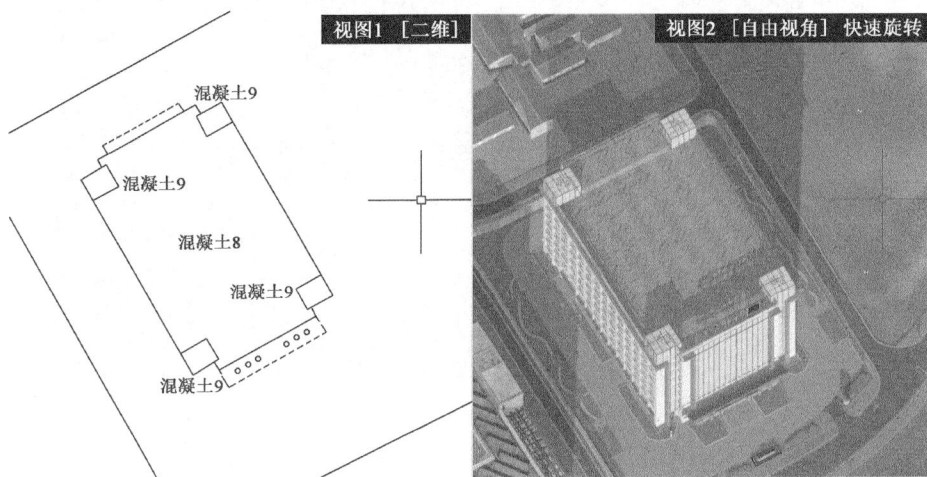

图 6-48　一幢房屋绘制效果

②道路采集：在绘图面板中选择相应的要素编码后，沿道路轮廓或中心位置进行绘制。双线道路的采集可使用"绘图"菜单下的"平行线"功能，在指定宽度后直接双线绘制，也可在一侧道路边线绘制完成后，使用"偏移拷贝"功能，快速完成另一侧边线的绘制（图 6-49）。

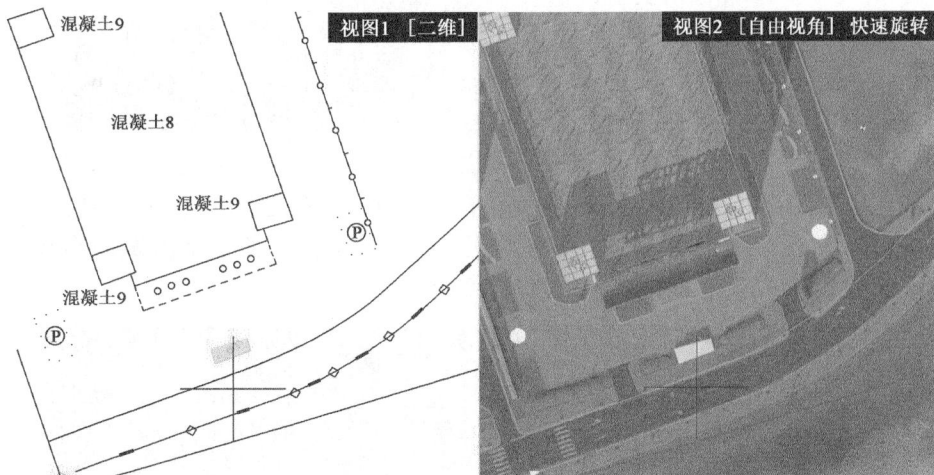

图 6-49　道边线绘制（可利用偏移拷贝、打断、修线续接等功能进行编辑）

③高程点采集。根据倾斜模型中的不同场景，可通过手动点选、线上提取、DSM 面内提取等方式完成对高程点的采集或批量提取。手动点选高程点。在绘图面板中选择相应的高程点要素编码后，手动点击指定倾斜模型中的高程点位置完成采集（图 6-50）。适用于建筑物较多的居民区或交通水系网较为复杂的区域，需要人工判断采集高程点。

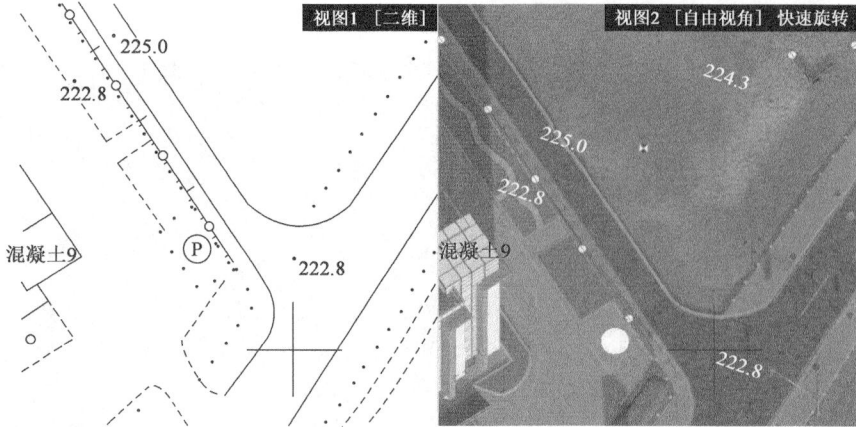

图 6-50　手动点选采集高程点

从线上提取高程点。使用"3D 采集"菜单下的"线上提取高程点"功能,通过选择或绘制线要素,并设置高程间隔后,能够在线上指定位置自动完成高程点的提取生成(图 6-51)。

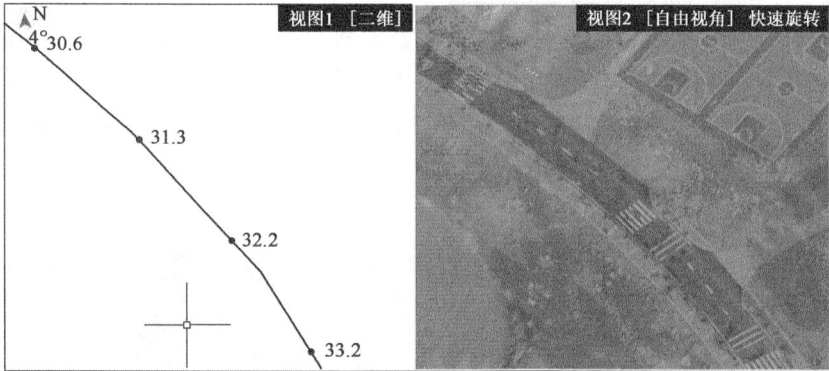

图 6-51　线上提取高程点

从模型上提取高程点。使用"3D 采集"菜单下的"DSM 面内提取高程点"功能,在倾斜模型中选择或绘制一个范围,并在指定高程间隔后,能够自动完成该范围区域的高程点提取生成。适用于地形地貌区域的高程点批量采集(图 6-52)。

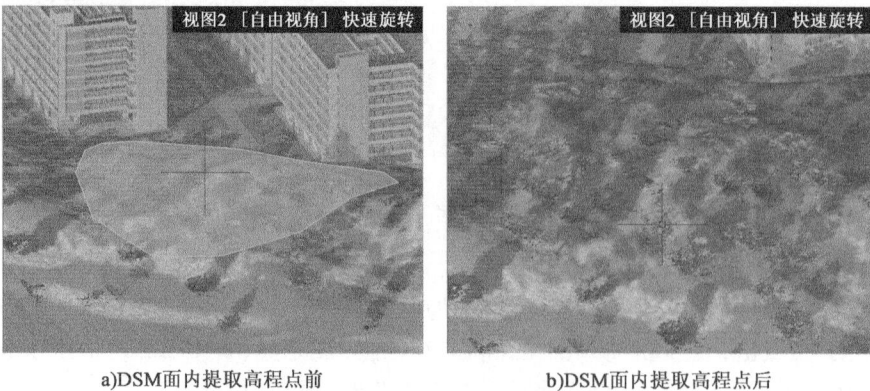

a)DSM面内提取高程点前

b)DSM面内提取高程点后

图 6-52　DSM 面内提取高程点前后对比

等高线采集。对于符合采集等高线的地貌范围,可根据已采集完成的高程点构建三角网,来提取生成等高线,以上图所提取的高程点为例。构建三角网。点击"构建三角网"功能,按实际情况设置参数后,点击"确定",完成三角网构建(图6-53)。

a)步骤①　　　　　　b)步骤②

图6-53　构建三角网

生成等高线。三角网构建完成后,点击"绘制等值线"功能,对高程过滤条件、等高线间距、拟合方式等参数进行设置,点击"确定",软件自动生成等高线。点击"删除三角网"功能,删除三角网(图6-54)。

a)步骤①　　　　　　b)步骤②

图6-54　生成等高线

3.图形编辑

三维测图内业采集、外业补测和调绘完成后,将依据作业要求,完成图形编辑。遵循以下原则:

完整性原则:结合作业任务要求,线状地物不得因注记、符号等而间断。面状地物要完整封闭等。

避让原则:等级道路、建筑物(简易房除外)和点状独立地物,应按实际情况采集,原则上不进行避让。兼顾地形图制图的需要,为使地形图图面清晰,在精度允许的范围内,可按照"次要地物避让重要地物的原则"进行避让。

4. 数据检查

完成以上步骤的图形数据,要满足几何精度、图形质量、属性精度、逻辑一致性完整性的基本要求,输出合格的 DLG 产品。

图形表示应正确并符合现行图式的规定,应满足图形正确、完整、美观,无遗漏无明显变形的基本要求。属性完整性,属性数据按照作业任务标准要求填写完整。

根据图形和属性数据一致性,图形数据和属性数据要一一对应,属性数据和注记数据要一一对应。如检查建筑物结构注记,是否与建筑物属性一致。

数据检查可采用工具软件自动检查和人工检查相结合的方式进行。

复习思考

1. 无人机内业数据是基于何流程进行处理?
2. 在内业处理时,坐标系统是如何设置的?
3. 三维测图是基于何流程进行处理的?

拓展任务

请总结单镜头数据和倾斜五镜头数据内业数据处理的异同。

模块七　机载激光雷达数据获取与内业处理

📖 学习情境描述

本模块主要内容包括激光雷达测量简介,重点介绍无人机机载激光雷达数据采集和处理流程,并结合项目案例介绍了主要的应用方向,激光点云测量技术符合当前发展趋势,满足相关岗位人才技能要求。期望通过该模块的学习,能够帮助学习者进一步了解无人机机载激光雷达数据采集和处理流程,同时对无人机测绘技术有更全面的认识。

✍️ 学习目标

1. 了解激光雷达技术基础知识。
2. 了解无人机机载激光内外业处理流程。
3. 了解机载激光的生产应用。

单元 1　激光雷达简介

激光雷达技术是近几十年以来在摄影测量与遥感领域中具有革命性的成就之一,是继GPS(Global Positioning System,即:全球定位系统)发明以来在摄影测量与遥感领域的又一里程碑。LIDAR(Light Detection and Ranging,即:激光雷达探测及测距)通过记录从目标物返回的激光脉冲信号来实现快速、高效地获取目标物的精确的三维空间信息。激光雷达能够穿透薄的云雾,获取目标信息,其激光脚点直径较小,且具有多次回波特性;能够穿透树木枝叶间的空隙,得到地面、树枝、树冠等多个高程数据;能够穿透水体,获得海河底层地形,精确探测真实地形地面的信息。LIDAR 系统集激光测距、CCD 相机等为一体,具有全天时、全天候、主动、快速、高精度、高密度等特点。

激光雷达是一种通过发射激光束来探测远距离目标的散射光特性以获取目标物体相关信息的光学遥感技术,是传统雷达技术、现代激光技术和信息技术相结合的产物。随着超短脉冲激光技术、高灵敏度高分辨率的弱信号探测技术和高速大量数据采集系统的发展应用,激光雷达以其高测量精度、精确的时空分辨率以及大的探测跨度而成为一种非常重要的主动式遥感工具。

从实际工程和应用角度来说,激光雷达的分类方式繁多,按照不同载荷平台的方式进行划分,可以分为星载、机载、车载、地面站、背包、手持等。本模块重点介绍无人机机载激光雷达。

单元2 机载激光雷达内外业处理流程

机载激光雷达测量作业的生产环节,主要包括航摄准备、航空摄影、数据处理以及数字产品制作,其作业流程如图 7-1 所示。

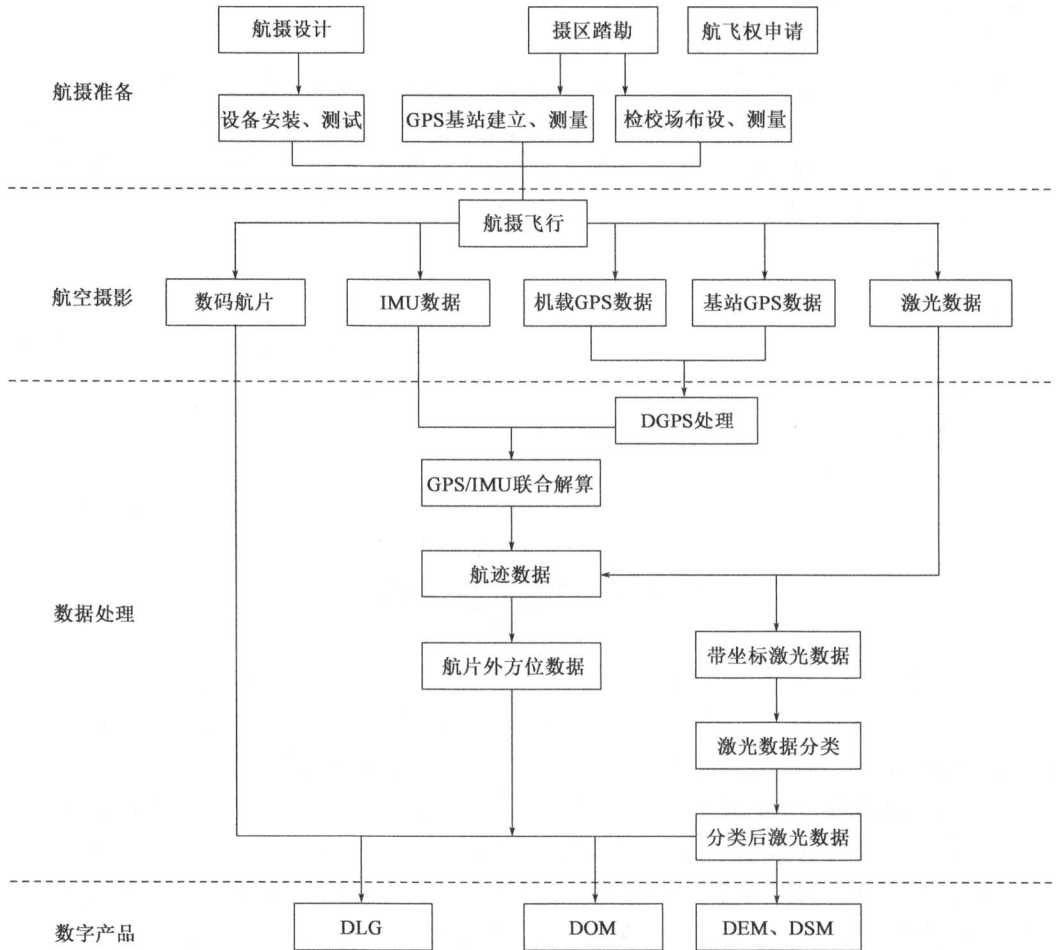

图 7-1 机载激光雷达测量作业流程图

一、航摄准备

航摄飞行设计是在整个激光雷达航测工作中最为重要的一环,好的航摄设计是整个工作的基础,可以尽可能地保证所采集数据的可用性及数据成果的精度。

1. 航线设计

在进行航摄飞行设计之前,本着安全、经济、周密、高效的原则,以高精度的项目成果数据精磨要求为目标,充分地分析测区的实际情况,包括测区的地形、地貌、机场位置、已有控制情况、气象条件等影响因素,结合激光雷达测量设备自身特点,如航高、航速、相机镜头焦距及曝光速度、激光扫描仪扫描角、扫描频率及功率等,同时考虑航带重叠度、激光点距影像分辨率等,选择最为合适的航摄参数,为获取高质量的数据提供基础技术保障。图 7-2 为在奥维软件中进行的航线设计及设计结果示例。

图 7-2 航线设计及设计结果示例

通过航摄设计软件生成航线数据文件,文件内容包括航线号、航带顺序等信息。在执行航空摄影任务前,将航线设计文件拷贝到机载激光雷达系统的导航任务卡中。在飞行时选择要作业的航线,激光雷达测量系统在飞机进入测线坐标范围后自动开始采集数据(激点云数据和数码影像数据)。在采集区域复杂狭小或信号干扰严重的情况下也可以采用手动采集模式。

2. 空域申请

在执行任何一个航摄任务前,必须按照相关规定和流程申请并办理航飞权,大致办理流程如图 7-3 所示。

3. 地面基站架设

基站架设选点要求:

(1)GNSS 基站点沿线路走向布设,基站辐射半径为 25km,两基站间最大距离不超过40km,以保证测区范围内的差分精度;

(2)点位交通便利,便于仪器安置及观测操作,标志易于保存的地方;

(3)点位视野开阔,地平仰角 15° 以上无障碍物;

(4)不宜在微波通讯的过道中设点;

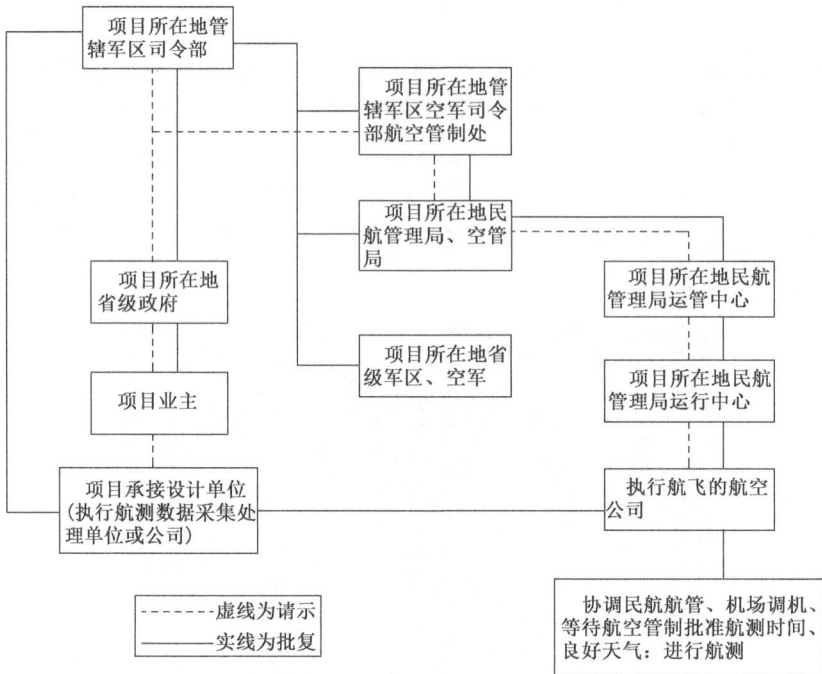

图 7-3 航飞权办理流程

（5）测站点应远离大功率无线电辐射源（如电视台、微波站等），其距离不得少于200m；

（6）离高压输电线、变电站其距离不得小于50m；

（7）尽量避开大面积水域设站。

数据采集施测开始时，测量人员同步配合，提前进入基站点位置架设接收机，并提前打开激光GNSS，全程同步观测。同步观测数据用于对机载GNSS采集的三维坐标进行后差分，用以提高最终三维点云成果的坐标精度。

GNSS基站架设在已知地面控制点上，控制点需提供WGS84坐标，设置好基站的各项参数，保证电量充足、脚架固定牢靠，准确量取仪器高，事后计算精确天线高。基站架设如图7-4所示。

图 7-4 基站架设

二、数据采集

激光雷达测量系统的工作,主要由三部分完成,分别是激光扫描测量、数码相机拍摄和飞行控制。因此在采集数据时,保证激光雷达测量系统的三部分正常同步工作是关键。

1. 飞行控制

激光雷达测量系统在数据采集过程中,飞行控制系统的正常工作是十分必要的。激光扫描仪和数码相机的工作,都由飞行控制系统来控制。同时 GNSS 天线及惯性导航仪 IMU 的数据都记录在飞行控制系统中,这两个数据的正常记录才能保证激光雷达数据及数码影像的正确定位,从而保证成果的精度。

2. 激光雷达数据采集

飞行控制系统会预先设置好激光设备的工作参数(如扫描镜摆动角度、扫描频率等)。当飞机进入预设航线时,飞行控制系统控制红外激光发生器向扫描镜连续地发射激光。通过飞机的运动和扫描镜的运动反射,使激光束扫描地面并覆盖整个测区。当激光束由地面或其他障碍物反射回来时,被光电接收感应器接收并将其转换成电信号。根据激光发射至接收的时间间隔即可以精确算出传感器至地面的距离。当确定飞行平台每个采样时刻的位置和姿态后,激光反射点的位置也随之确定。

由于一束激光可能有多次回波,例如,一束激光可能被树顶、树枝、树干、矮草、地面依次反射回接收器,因此激光数据可以较详细地反映地表情况,为后期数据处理制作数字高程模型(DEM)、数字正射影像(DOM)等数字产品提供高精度的数据基础。

激光点云数据通过高速数据传输线直接保存到系统的专用硬盘中。

3. 数码相机拍摄

飞行控制系统会预先设置好的数码相机工作参数(如相机的曝光度、快门速度、ISO 值等)。当飞机进入预设航线时,自动获取高质量的影像数据。通过数码影像显示屏,可以实时看到影像的实拍效果,若效果不理想,可以随时调整相机参数。

数码影像数据通过高速数据传输线直接保存到系统的专用硬盘中。

三、数据处理

激光雷达数据处理流程如图 7-5 所示。

1. 数据预处理

(1)机载激光雷达数据采集得到的原始数据包括:

①原始激光点云数据;

②原始数码影像数据;

③惯性导航仪(IMU)数据;

④机载 GNSS 数据;

⑤地面基站 GNSS 数据。

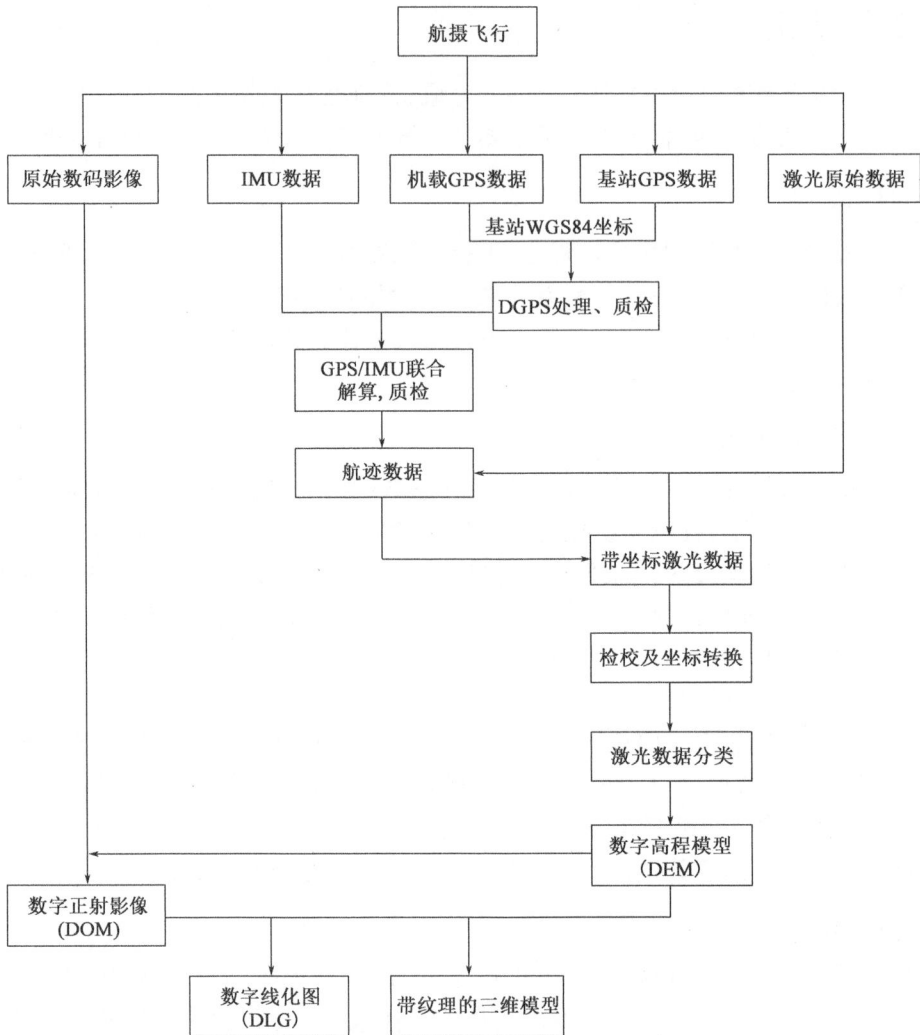

图 7-5　激光雷达数据处理流程图

原始激光数据仅包含每个激光点的发射角、测量距离、反射率等信息,原始数码影像也只是普通的数码影像,两者都没有坐标、姿态等空间信息。只有在经过数据前处理(也称为数据预处理)后,完成激光和影像数据的"大地定向",才具有空间坐标和姿态等信息。

原始激光点云数据的"大地定向"包括数据定位和定向两大内容,需要用到机载 GNSS 观测数据、地面基站的 GNSS 观测数据、IMU 记录的姿态数据和系统参数(IMU、激光扫描仪、相机之间的相对位置及姿态参数)等。

(2)激光点云数据定位

机载三维激光雷达在采集数据的过程中,GNSS 天线同步记录的坐标信息会受到对流层延迟误差、电离层延迟误差、卫星星历误差及多路径效应等误差的影响。只有消除或减小这些误差的影响,才能提高定位精度。

消除上述误差通常采用的方法有两种:一种为精密单点定位,一种为双差分定位。精密单点定位又称为绝对定位、即利用 GNSS 卫星和用户接收机之间的伪距观测值,确定测站在 WGS84 坐标系中的位置。使用精密单点定位方法时,精密星历和钟差文件是必需的。可以直接从 IGS 等组织的网站上进行免费下载(如:武汉大学 IGS 分析中心和数据中心)。当然有些软件也有下载精密星历和钟差文件的功能,可以参考使用。使用单点定位最大的优势是不用布设地面基站,这样就可以节省许多人力、物力、但单点定位的精度劣于差分定位精度,在精度要求不高的情况下可以使用。

DGPS 双差分定位可以保证比较高的定位精度,该方法是在地面布设基准站(设在坐标精确已知的点上)与机载 GNSS 装置进行同步观测、用基准站测定具有空间相关性的误差或其对测量定位结果的影响,供机载 GNSS 装置改正其观测值或定位结果。

基站布设的多少和位置根据测区大小、地形及数据精度要求等要求要关,不同的要求需对应布设不同个数的地面基站。一般情况下,为保证仪器工作的同步性及初始化精度需布设一个基站。若测区面积较小且距离机场较近,在机场布设一个基站基本可以满足生产需要。但有些项目,例如电力巡线或选线项目中,作业区域为条带状,且地形多为山地,此种情况一般离机场较远,此时需在测区增设一个或多个地面基站。由于地势崎岖地面基站布设难度较大,所以在考虑保证数据精度的同时也要考虑尽量减少外业工作量。

DGPS 双整分定位方法也可以联合精密星历,这种方法定位精度较高。实际生产中一般使用这种定位方法。

(3)激光点云数据定向

无论通过单点定位还是双差分定位得到的都是 GNSS 接收装置处的坐标信息,我们最终需要的是激光扫描仪处的坐标信息,所以还需要根据 GNSS 天线的偏心分量和扫描仪的偏心分量计算激光扫描仪的坐标信息。一般情况下,只要重新安装设备,GNSS 天线的偏心分量都会有变化,每次都需要重新测量。而扫描仪的偏心分量比较固定,检测期内,使用厂家提供的检测值即可。

IMU 与激光扫描仪的相对位置参数由厂家提供,联合定位信息可以得到激光扫描仪的航迹文件,文件包含激光扫描仪在各个 GNSS 采样时间的位置信息、姿态信息及速度。

根据激光扫描仪的航迹文件,为每个激光点在 WGS84 坐标系下赋坐标值,即激光数据的"大地定向""大地定向"后的激光数据,可以通过专业软件打开浏览。因每个激光点都已有坐标属性、以高程显示的激光数据就能比较清晰地看出地面起伏及地物情况,如图 7-6 所示。

(4)激光点云数据的检校

在航飞过程中,IMU 和激光扫描仪的相对姿态可能会发生微小的变化,从而对激光数据产生影响,为消除这种影响,通常要对"大地定向"后的激光数据进行检查。若数据质量较好,则可以直接进行数据加工;若数据存在问题,则需对数据进行检校。

数据检校参数通常是指侧滚角(ROLL)、俯仰角(PITCH)和航偏角(HEADING)的偏心角分量。

由于大量数据同时运行速度较慢,所以实际生产中,较快的做法是:首先在检校场数据中选择一块典型地形的数据进行检校,得到理想的检校参数后运用在整个检校场。若还有问题,可经过微调得到一组检校参数,将该组检校参数运用在整个测区,即可以实现对测区激光数据自检校。经过检校的激光数据,与不同航带、不同架次的数据都能很好地匹配。由此便可以进行进一步的数据处理。

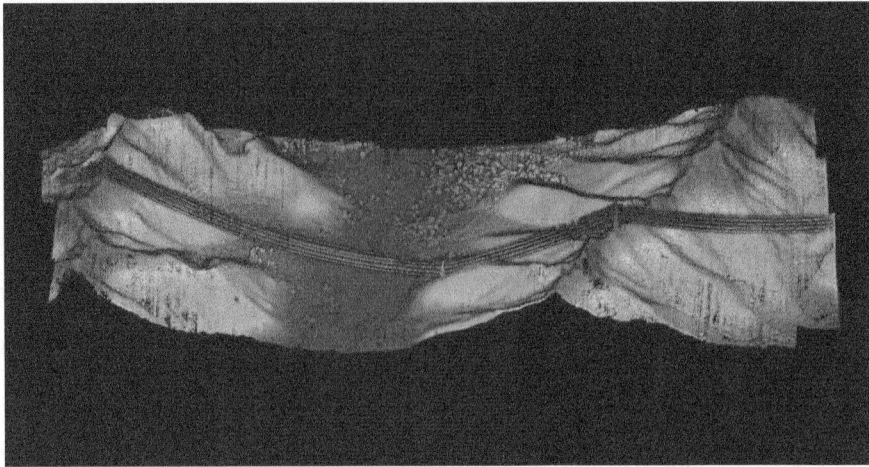

图 7-6　点云高程模式显示

（5）激光点云数据坐标转换

检校后的激光点云数据为 WGS84 坐标系，但国内客户要求的成果坐标一般为工程坐标系。工程平面坐标系通常指北京 54 坐标系、西安 80 坐标系或当地独立坐标系，高程系统则指 1956 黄海高程系统、1985 国家高程系统或地方独立高程系统。

完成两个坐标系统的转换，首先需要在两套坐标系统中（例如 WGS84 坐标及北京 54 坐标）具备相应的控制点，求出转换参数然后将转换参数应用于激光数据，完成激光数据的坐标转换。转换后的激光数据已转换至工程坐标系，基于此而生产的数字高程模型（DEM）、数字表面模型（DSM）等数字产品也在工程坐标系下。

平面坐标转换通常使用的是七参数法转换法，平面坐标转换流程图如图 7-7 所示。

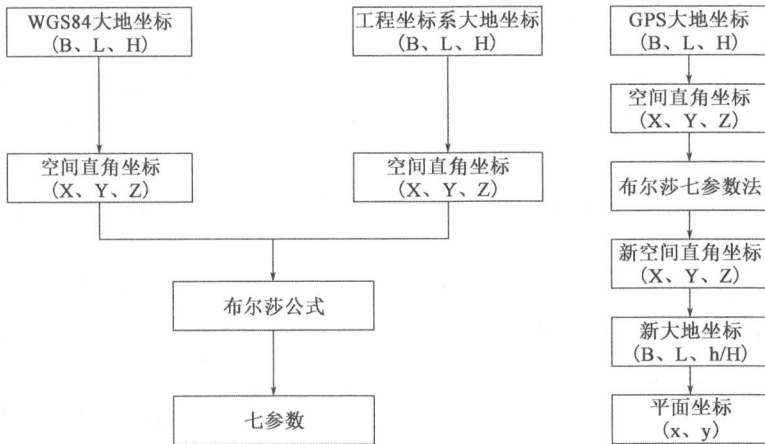

图 7-7　平面坐标转换流程图

高程系统的转换比较简单，根据控制点在两套坐标系统的高程，求得高程异常，应用于激光数据便可以实现激光数据的高程系统转换。

激光数据的坐标转换可以在检校后进行，也可以在激光数据分类后进行，或不对激光数据进行坐标转换而直接转换至成果的坐标系统。目前比较成熟的做法为：激光数据检校后进行坐标转换，将激光数据直接转换至成果要求的工程坐标系下，再进行数字产品生产，这样基于激光数据生产的所有产品都是工程坐标系，避免了需要进行多次转换的麻烦。

(6)确定影像外方位元素

相机与激光扫描仪的相对位置参数由厂家提供，联合定位信息可以得到相机的航迹文件，包含相机在各个 GPS 采样时间的位置信息、姿态信息及速度信息。初始航迹文件在 WGS84 坐标系下，可以根据生产需要将航迹文件转换至相应工程坐标系，转换方法与激光数据坐标转换方法相同。

根据仪器记录的曝光点信息及原始影像的编号可以得到每幅原始影像的曝光时间(以 GPS 时间表示)。由此相机航迹文件与原始影像的曝光时间文件相结合便可以得到每幅原始影像的外方位元素。

2. 数据后处理

激光数据分类及 DEM 制作

经过预处理的激光地表数据及激光地物数据都在同一层，需要提取出纯地表数据方能 生成 DEM。经过分类，将建筑物、植被等非地表数据放在其他层里面，纯地表数据就被分离出来。经过分类的纯激光地表数据是具有三维坐标值的离散点，地面点需明确后即可以按规定格网生成 DEM，如图 7-8 所示。

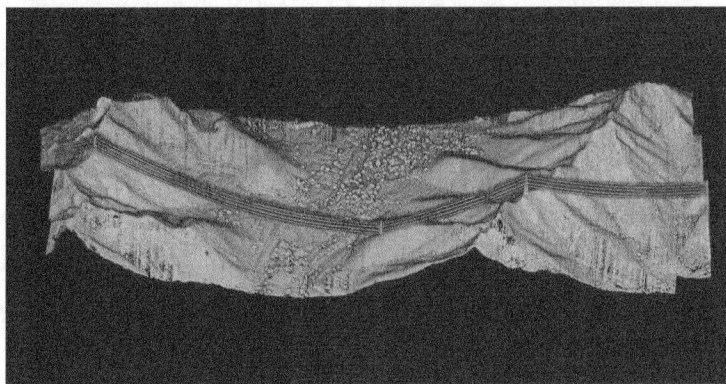

图 7-8　DEM 模型构建

激光数据的可视性强，因而可以将不同的地物分类在不同的层里，按层显示时能清楚地看到地物构成情况，特别在电力巡线项目中，经过精细分类的激光数据可以清晰地分辨电力线、杆塔、植被及地面等要素，可以进行线路资产管理、危险点检测等多方应用。如图 7-9 所示。

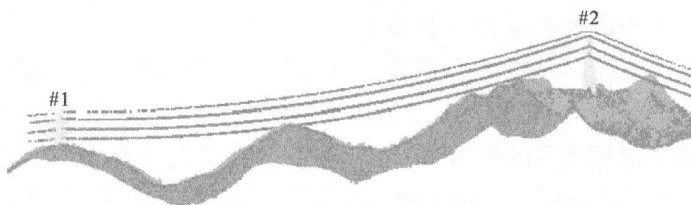

#2

#1

图 7-9　激光点云分类

TerraSolid、GlobalMapper、SouthLidar 等点云处理软件都可以进行点云分类操作,此处以 TerraSolid 软件,简述点云分类及 DEM 制作过程。

(1)建工程、数据分幅与裁切

原始点云数据经过多条航带叠加,数据量较大,单人作业耗时较久,为了能够多人协同作业,首先将点云按照指定格网间距分幅。通常将点云分成 500m × 500m 或 1000m × 1000m 大小的方块,每块点云可单独进行分类。

(2)粗分类

批处理粗分类。TerraSolid 提供了多种粗分类算法,通过各种算法组合,对点云数据进行粗分类,将点云分成地表点、低植被、中植被、高植被、建筑、河流、电力线、电力塔等多种不同类别。通常黄色为地表点,绿色为植被点,分类的颜色和类别名称都可自定义。

(3)细分类

自动化算法分类有着局限性,在工程行业等领域粗分类无法满足应用需求,因此需要进行精细化分类。

在 TerraSolid 软件中导入粗分类后的点云,通过剖面工具,拉剖面查看分类成果是否有错误。

当检查过程中遇到自动化分类错误的情况,则通过手工分类工具进行人工纠正。

通过提取出的地表点云,在 TerraSolid 内打开 TerraScan 模块,选择 output-export lattice model 工具,以地表点高程值建立不规则三角网,生成 GEO TIFF float 格式的 DEM 文件。根据不同比例尺要求输出不同格网间距的 DEM 模型,1:500 比例尺输出格网间距为 0.5m,1:1000 比例尺输出格网间距为 1m,1:2000 比例尺输出格网间距为 2m。

四、影像数据处理及 DOM 制作

激光搭载的相机可以提供高精度的影像轨迹数据,根据轨迹数据可以通过两种方式生成正射影像。一种是传统航测普遍使用的方式,采用倾斜摄影三维建模软件 PIX4D 等同类型软件直接生成正射影像,电脑通过识别多张影像的同名地物,自动对影像轨迹进行纠正,提高轨迹精度,进而生成高精度的正射影像。此方法对电脑配置要求较高,大面积项目生产时通常需要配置大量电脑集群,但是人工干预较少,自动化程度高;另一种方式是利用 TerraSolid 软件的 Tphoto 模块通过人工刺点的方式对影像轨迹进行纠正从而生成正射影像,此方法相比于第一种方法,由人工承担了纠正影像轨迹的工作,因此对作业人员要求更高,需要更多的人工干预,且作业人员的熟练程度决定了最终成果的精度,不过人员在作业时也可以更好地对图面进行修饰,因此在图面美观性方面优于软件自动生成的正射影像。以下为此种方式的工作流程:

(1)首先需要准备选定区域的地面点数据,以此作为纠正影像轨迹的精度依据。根据与影像对应的纯地表激光数据找连接点,所谓的连接点为两幅有重叠影像上的同名点,如图 7-10 所示,一般每两幅有重叠的影像需保证至少 5 个连接点,所有连接点都必须是地面点且分布均匀,通过对所有影像连接点进行平差,重新计算影像外方位元素,使用平差后的外方位元素重新对影像轨迹进行纠正以提升精度。

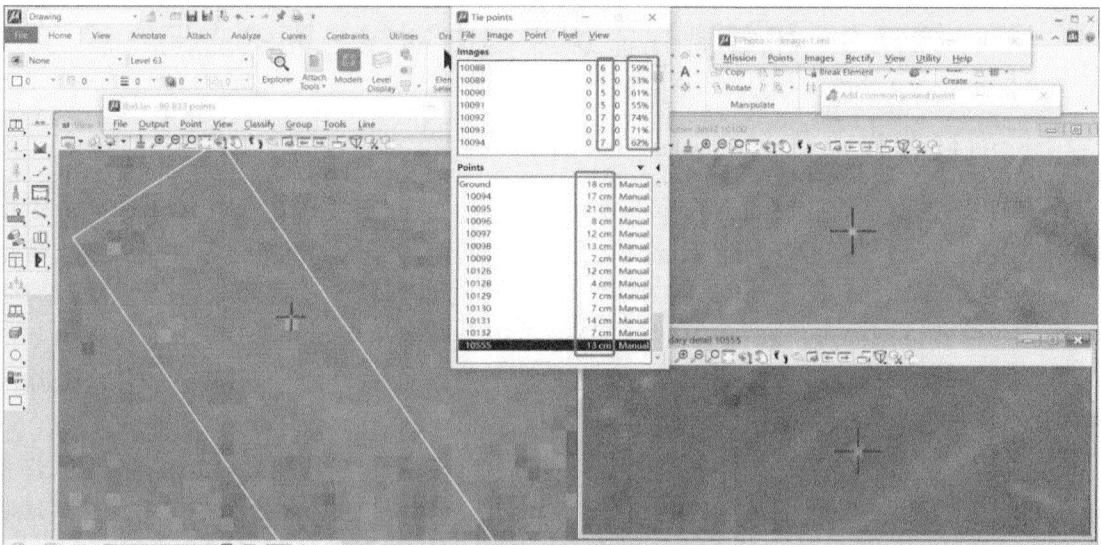

图 7-10 影像同名点

(2)生成单片正射。影像轨迹精度优化完成后即可输出单片正射。单片正射是带有高精度位置信息的影像数据。

(3)调整拼接线。将所有单片正射导入到 Inpho 软件中,由于每张单片正射都带有绝对准确的位置信息,相邻的单片正射同步显示时彼此会有重叠,软件可以自动识别并隐去重叠部分,将所有单片正射拼接成一张完整的正射影像图。但是该过程中,软件自动识别并隐去的重叠部分可能不完全准确,例如在房屋位置会出现穿过拼接线导致的房屋错层现象,如图 7-11 所示。

对于以上情况,需要人工调整拼接线位置,尽量避开房屋,即房屋整体为一张照片拍摄所得,而非两张照片拼接后所得,修饰效果如图 7-12 所示。

图 7-11 单片正射拼接穿过房屋

图 7-12 调整拼接线后效果

房屋、湖泊、道路是调整拼接线的重点关注位置,调整的结果关系着最终成果的图面美观度。全图修饰完成后,即可将正射结果导出。

单元3　机载激光雷达在电力巡线方面的应用

一、项目背景

随着我国电力事业的发展,电网的数量不断增加,其覆盖范围也在持续扩大。由于输电线路设备长期暴露在野外,输电线路会受到持续的机械张力、雷击闪络、材料老化、覆冰及人为因素的影响,产生倒塔、断股、磨损、腐蚀、舞动等现象。这些现象若得不到及时处理,会严重影响电网的运行和电力供应。绝缘子还存在着由树木生长、雷击损伤而引起高压放油和绝缘劣化的情况,这些情况也会导致输电线路事故。此外,还存在如杆塔被偷盗这样的意外事件发生。

传统的人工巡线方法不仅工作量大,费时费力且危险系数高,特别是对山区和跨越大江大河的输电线路巡检,以及在冰灾、水灾、地震、滑坡期间的巡线检查。甚至对于某些线路区域和巡检项目,人工巡线方法目前还难以完成。基于以上背景,现代化电网的建设与发展极需更科学、更高效的电力巡线方式。

机载激光雷达系统由于具有快速获取高精度激光点云和高分辨率数码影像的优点,无论对新建线路的走向选择设计,还是对已建线路的危险点巡线检查、线路资产管理以及各种专业分析,都带来了传统测绘手段所不具备的作业模式和技术优势。

其主要应用如下:

(1)新建线路的验收及原始档案的建立。主要包括:线路通道(树木房屋)、交叉跨越(输电线路、高速、铁路等)、杆塔本体(各部件安全距离、倾斜等)、导地线弧垂及线间距离等。

(2)测量导线与树竹、新建房屋等的安全距离,对树竹的生长趋势进行判断,大负荷高温等情况下导地线弧垂的检测和交叉跨越点线间距的测量等。

(3)带点作业前校核杆塔各部件之间的安全距离。如塔窗结构尺寸、导线间安全距离等。

通过无人机搭载激光雷达系统获取真实点云数据,为输电线路监护人员提供数据基础。通过专业电力三维激光点云软件处理,以电力走廊内的关键对象—电力线与电力塔为核心,发现输电线路设施设备异常和隐患,以及线路走廊中被跨越物对线路的威胁,极大地提升了巡检效率与精度。

二、项目概况

本项目由广州南方测绘科技股份有限公司承担,就某市电力管廊以无人机载搭配激光雷达的作业方式进行测绘,并进行数字正射影像(DOM)、数字高程模型(DEM)及数字表面模型(DSM)成果生产。

成果需求:

(1)输电通道无人机、地面激光扫描覆盖宽度不小于《架空输电线路运行规程》中规定的线路保护区宽度(边线外距离10m)。

(2)输电通道激光点云密度不小于50点/m²。塔线结构完整,杆塔、绝缘子、导地线及挂点、塔基轮廓完整、清晰,满足应用需求。导地线部件无连续 10m 以上缺少点云情况。

(3)对植被覆盖密集区和地貌破碎区不小于 60 点/m²。对输电通道内地物较少的地表裸露区不小于 35 点/m²;对激光点云反射率较低的特殊困难区(如河流、湖泊等易形成镜面反射区域、深谷等)不小于 20 点/m²。

(4)获取的点云平面和高程绝对精度不低于 10cm,平面和高程相对精度不低于 5cm。

(5)在激光点云反射率较低区域(如河流、湖泊等易形成镜面反射的区域)、深谷等特殊困难地区,平面和高程绝对精度不低于 30cm,平面和高程相对精度不低于 7cm。

(6)按照地形特点,成图精度要求,高程精度要求在 5~10cm。

三、项目实施

1.技术流程

项目使用南方测绘自主研发的移动测量激光雷达系统 SZT-R1000 搭载六旋翼无人机进行外业数据采集。技术路线如图 7-13 所示。

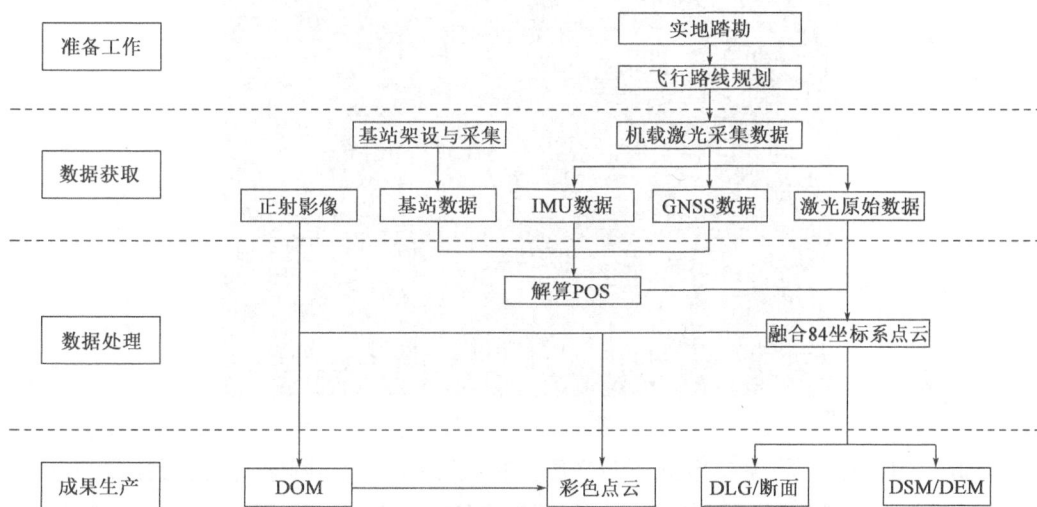

图 7-13　技术路线图

2.外业采集

(1)将基准站架设在控制点上,进行静态采集,与飞机端 GNSS 数据进行后差分即可获取高精度 POS 数据;

(2)根据作业现场情况合理设计飞行航线,保证安全的前提下尽可能满足精度要求;

(3)多旋翼无人机机挂载南方测绘 SZT-R1000 激光雷达移动测量系统,采集激光点云数据。飞行完毕后,连接激光系统,下载 GNSS 数据、IMU 数据、照片数据、激光扫描数据。

图 7-14 为作业现场图片。

图 7-14　作业现场图

四、数据预处理

（1）如图 7-15 所示，使用轨迹解算软件解算高精度轨迹数据。

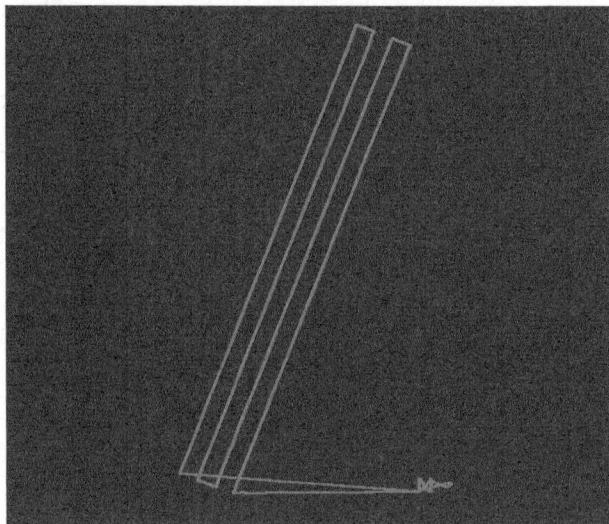

图 7-15　轨迹数据

（2）如图 7-16 所示，将轨迹数据与激光原始扫描数据融合得到原始点云数据。

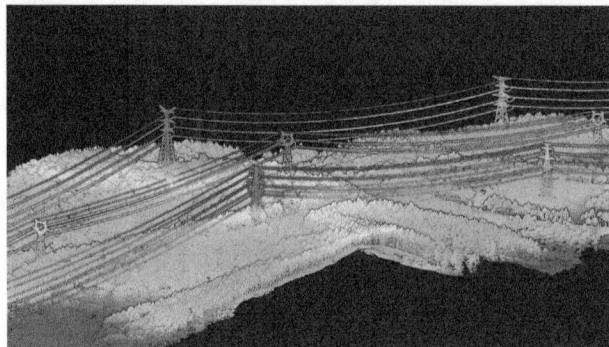

图 7-16　点云数据

（3）将原始点云与影像 POS 数据转换到目标坐标系。

五、数据成果

（1）如图 7-17 所示，在 TerraSolid 软件中进行点云分类，将分出的地面点生成 DEM。

图 7-17　DEM 数据

（2）如图 7-18 所示，生成 DSM 数据。

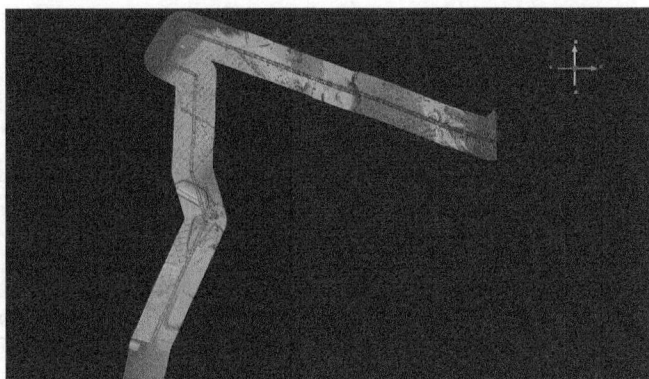

图 7-18　DSM 数据

（3）如图 7-19 所示，利用 TPhoto 软件和高精度 DEM 数据，免像控生产 DOM 数据。

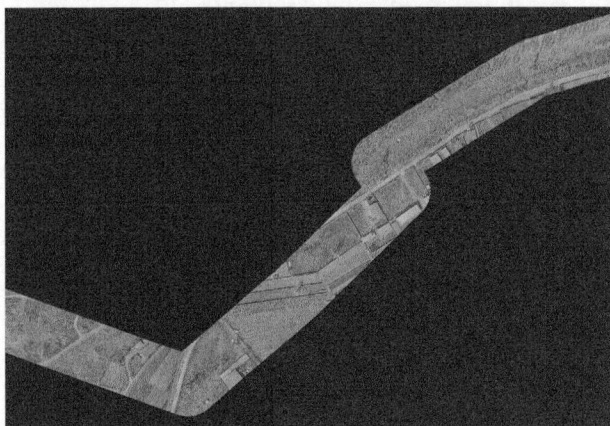

图 7-19　DOM 数据

（4）电力线和塔座点云效果：杆塔点云数据结构完整，如图 7-20 所示。输电导线点云不存在长距离断缺或明显疏漏，在交跨上方，导线点完整、均匀，如图 7-21 所示。

图 7-20　电力塔点云数据

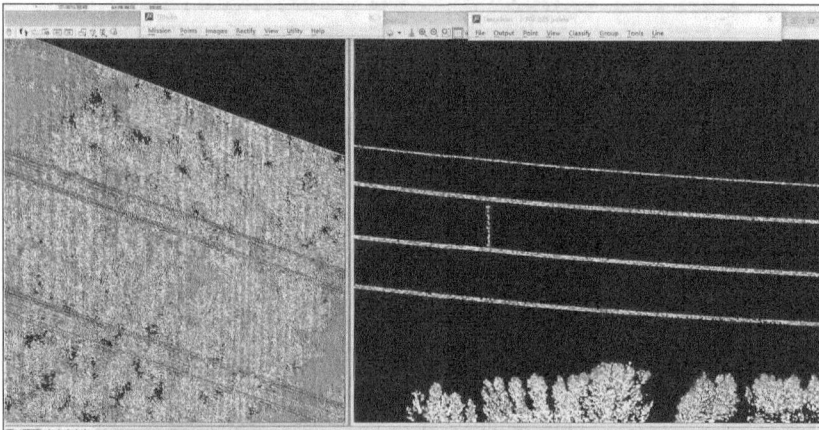

图 7-21　电力线点云数据

（5）点云高程精度验证

如图 7-22 所示，点云高程中误差 0.037M，精度远超项目要求。

图 7-22　控制点精度报告

五、总结展望

在新一轮科技革命和产业变革中,利用机载激光雷达获取的高精度点云,可以快速获取高精度三维线路走廊地形地貌、线路设施设备以及走廊地物(包括电塔、塔杆、挂线点位置、电线弧垂、树木、建筑物等)的三维空间信息和三维模型。这为电力线路的规划设计、运行维护提供了高精度测量数据基础,有效地支撑电力精细化自主巡检,为输电线路的设计、运行、维护、管理提供更高效、更科学和更安全的技术手段。

复习思考

1. 机载激光雷达外业作业时基站架设的要求有哪些?
2. 机载激光雷达数据采集的原始数据有哪些?
3. 如何获取影像外方位元素?
4. 机载激光雷达采集的数据可以生产哪些成果数据?
5. DOM 是基于何流程来进行处理的?

拓展任务

请根据提供的激光雷达数据进行数据处理操作练习。

参考文献

[1] 中华人民共和国国务院,中华人民共和国中央军事委员会.无人驾驶航空器飞行管理暂行条例[Z/OL].国令第 716 号.2023-5-31[2024-1-1].https://www.gov.cn/zhengce/zhengceku/202306/content_6888800.htm.

[2] 国家市场监督管理总局,中国国家标准化管理委员会.民用无人驾驶航空器系统分类及分级:GB/T 35018—2018[S].北京:中国标准出版社,2018.

[3] 速云中,凌培田.无人机测绘技术[M].武汉:武汉大学出版社,2022.

[4] 吕翠华,杜卫钢,万保峰,胡浩.无人机航空摄影测量[M].武汉:武汉大学出版社,2022.

[5] 周金宝,韩立钦,邹娟茹.无人机摄影测量[M].北京:测绘出版社,2022.

[6] 中华人民共和国国家质量监督检验检疫总局,中国国家标准化管理委员会.1∶500 1∶1000 1∶2000 外业数字测图技术规程:GB/T 14912—2005 [S].北京:中国标准出版社,2005.

[7] 中华人民共和国国家质量监督检验检疫总局,中国国家标准化管理委员会.国家基本比例尺地图图式第 1 部分 1∶500 1∶1000 1∶2000 地形图图式:GB/T 20257.1—2017 [S].北京:中国标准出版社,2017.

[8] 中华人民共和国国家质量监督检验检疫总局,中国国家标准化管理委员会.基础地理信息要素分类与代码:GB/T 13923—2022 [S].北京:中国标准出版社,2022.

[9] 中华人民共和国国家质量监督检验检疫总局,中国国家标准化管理委员会.测绘成果质量检查与验收:GB/T 24356—2023 [S].北京:中国标准出版社,2023.

[10] 中华人民共和国国家质量监督检验检疫总局,中国国家标准化管理委员会.数字测绘成果质量检查与验收:GB/T 18316—2008 [S].北京:中国标准出版社,2008.

[11] 中华人民共和国自然资源部.低空数字航空摄影测量内业规范:CH/Z 3003—2021 [S].北京:测绘出版社,2021.

[12] 中华人民共和国国家质量监督检验检疫总局,中国国家标准化管理委员会.数字航空摄影测量空中三角测量规范:GB/T 23236—2024 [S].北京:中国标准出版社,2024.

[13] 国家测绘地理信息局.基础地理信息数字成果 1∶500 1∶1000 1∶2000 数字线划图:CH/T 9008.1—2010 [S].北京:测绘出版社,2010.

[14] 国家测绘地理信息局.基础地理信息数字成果 1∶500 1∶1000 1∶2000 数字正射影像图:CH/T 9008.3—2010 [S].北京:测绘出版社,2010.

[15] 国家测绘局.测绘成果质量检查与验收:GB/T 24356—2023 [S].北京:中国标准出版社,2023.

［16］ 中华人民共和国国务院,中华人民共和国中央军事委员会.通用航空飞行管制条例［Z/OL］.国令第 371 号.2003-01-10［2023-05-01］.https：//flk.npc.gov.cn/.

［17］ 王伟,高洁.机载激光雷达在工程侦察中的应用［J］.现代电子技术,2010,33（11）：47-50.

［18］ 陈琳,刘剑锋,张磊,等.激光点云测量［M］.武汉:武汉大学出版社,2022.